THÉORIE DU VOYAGE

Poétique de la géographie

Paru dans Le Livre de Poche :

APOSTILLE AU *CRÉPUSCULE*
L'ARCHIPEL DES COMÈTES
L'ART DE JOUIR
CONTRE-HISTOIRE DE LA PHILOSOPHIE
1. Les Sagesses antiques
2. Le Christianisme hédoniste
3. Les Libertins baroques
4. Les Ultras des Lumières
5. L'Eudémonisme social
6. Les Radicalités existentielles
7. La Construction du surhomme
8. Les Freudiens hérétiques
9. Les Consciences réfractaires
LE CRÉPUSCULE D'UNE IDOLE
CYNISMES
LE DÉSIR D'ÊTRE UN VOLCAN
ESTHÉTIQUE DU PÔLE NORD
FÉERIES ANATOMIQUES
LES FORMES DU TEMPS
L'INVENTION DU PLAISIR : FRAGMENTS CYRÉNAÏQUES *(inédit)*
LA LUEUR DES ORAGES DÉSIRÉS
MÉTAPHYSIQUE DES RUINES
PHYSIOLOGIE DE GEORGES PALANTE
POLITIQUE DU REBELLE
LA PUISSANCE D'EXISTER
LA RAISON GOURMANDE
LA SAGESSE TRAGIQUE. DU BON USAGE DE NIETZSCHE *(inédit)*
LA SCULPTURE DE SOI
THÉORIE DU CORPS AMOUREUX
TRAITÉ D'ATHÉOLOGIE
LE VENTRE DES PHILOSOPHES
LES VERTUS DE LA FOUDRE

MICHEL ONFRAY

Théorie du voyage

Poétique de la géographie

LE LIVRE DE POCHE

Ouvrage publié sous la direction de Jean-Paul Enthoven.

Une édition hors-commerce
de ce texte est parue en 2006.

© Librairie Générale Française, 2007.
ISBN : 978-2-253-08441-9

INTRADA

Vouloir le voyage

Au commencement, bien avant tout geste, toute initiative et toute volonté délibérée de voyager, le corps travaille, à la manière des métaux sous la morsure du soleil. Dans l'évidence des éléments, il bouge, se dilate, se tend, se détend et modifie ses volumes. Toute généalogie se perd dans les eaux tièdes d'un liquide amniotique, ce bain stellaire primitif où scintillent les étoiles avec lesquelles, plus tard, se fabriquent des cartes du ciel, puis des topographies lumineuses où se pointe et repère l'Étoile du berger – que mon père le premier m'apprit – parmi les constellations diverses. Le désir de voyage prend confusément sa source dans cette eau lustrale, tiède, il se nourrit bizarrement de cette nappe métaphysique et de cette ontologie germinative. On ne devient nomade impénitent qu'instruit dans sa chair aux heures du ventre maternel arrondi comme un globe, une mappemonde. Le reste développe un parchemin déjà écrit.

Plus tard, beaucoup plus tard, chacun se découvre nomade ou sédentaire, amateur de flux, de transports, de déplacements, ou passionné de statisme, d'immobilisme et de racines. Sans le savoir, certains obéissent à des tropismes impérieux, subissent les champs magnétiques hyperboréens ou septentrionaux, tombent côté levant, basculent versant ponant, se savent mortels, certes, mais s'expérimentent comme des fragments d'éternité destinés à se mouvoir sur une planète finie – ceux-là vivent de manière semblable l'énergie qui les travaille et celle qui anime le reste du monde; tout aussi aveuglément, d'aucuns éprouvent le désir d'enracinement, ils connaissent les plaisirs du local et la méfiance à l'endroit du global. Les premiers aiment la route, longue et interminable, sinueuse et zigzagante, les seconds jouissent du terrier, sombre et profond, humide et mystérieux. Ces deux principes existent moins à l'état pur, à la manière d'archétypes, qu'en composantes indiscernables dans le détail de chaque individualité.

Pour figurer ces deux modes d'être au monde, le récit généalogique et mythologique a fabriqué le berger et le paysan. Ces deux mondes se posent et s'opposent. Au fil des temps, ils deviennent le prétexte théorique à des enjeux métaphysiques, idéologiques, puis politiques. Cosmopolitisme des voyageurs nomades contre nationalisme des paysans sédentaires, l'opposition travaille l'histoire depuis le néolithique jusqu'aux formes les plus contemporaines de l'impérialisme. Elle hante encore les consciences à l'horizon immédiat du projet européen ou, plus lointain, mais tout aussi sûr, de l'État universel.

Les bergers parcourent de vastes étendues, paissent les troupeaux sans souci politique ou social – l'organisation communautaire tribale suppose quelques règles, certes, mais les plus simples possibles ; les paysans s'installent, construisent, bâtissent, ils édifient des villages, des cités, ils inventent la société, la politique, l'État, donc la Loi, le Droit que soutient un usage intéressé de Dieu, *via* la religion. Apparaissent les églises, les cathédrales et les clochers indispensables pour rythmer les temps du travail, de la prière et du loisir. Le capitalisme peut naître et avec lui éclore la prison. Tout ce qui refuse ce nouvel ordre s'inscrit en faux contre le social : le nomade inquiète les pouvoirs, il devient l'incontrôlable, l'électron libre impossible à suivre, donc à fixer, à assigner.

L'Ancien Testament n'a pas oublié cet enjeu. Qu'on relise les pages inaugurales de la Genèse où l'on peut croiser Caïn et Abel, deux frères destinés à la tragédie, voués à la malédiction. On connaît plus ou moins l'histoire du fratricide ou du premier homicide. Plus rarement on se souvient du métier des deux protagonistes : le berger éleveur et le paysan laboureur, l'homme des moutons en mouvement contre celui du champ qui demeure. Les marcheurs, les chemineaux, les gyrovagues, les paissants, les coureurs, les voyageurs, les déambulateurs, les flâneurs, les promeneurs, les arpenteurs, déjà, encore et toujours, opposés aux enracinés, aux immobiles, aux pétrifiés, aux statufiés. L'eau des ruisseaux, courante et insaisissable, vivante, contre la minéralité des pierres mortes. Le fleuve, l'arbre.

L'agriculteur tue donc le pasteur, le paysan assassine le chevrier. Les raisons ? L'affection de Dieu plus nettement appuyée à l'endroit de la future victime. Afin d'honorer le Créateur, Abel offre les premiers-nés de son troupeau, et de la graisse, Caïn les fruits de son travail agricole. Et, semble-t-il, le Tout-Puissant accorde plus d'attention au pâtre. On ignore pourquoi. Jaloux, le paysan saute sur son frère et le tue. Dieu maudit Caïn et le punit en le condamnant à errer. Genèse de l'errance : la malédiction ; généalogie de l'éternel voyage : l'expiation – d'où l'antériorité d'une faute toujours accrochée à l'être comme une ombre maléfique. Le voyageur procède de la race de Caïn chère à Baudelaire.

Quand des siècles plus tard un beau parleur nazaréen entame l'ascension du Golgotha pour y être crucifié entre deux larrons, on dit – mais le Nouveau Testament reste silencieux sur ce sujet – qu'un individu sans nom, innomé et en passe de devenir innommable, refusa de donner à boire à l'homme en chemin vers sa crucifixion. Pour cette raison, le ladre qui n'offrit pas un trait d'eau à l'assoiffé fut damné et condamné, lui aussi, à la malédiction, puis à l'errance pour des siècles et des siècles. Il s'agissait du Juif qui donne naissance au Juif errant, voué pour l'éternité à cheminer, maudit, aux côtés de Caïn.

Le paysan fratricide et le Juif égocentrique rappellent que la condamnation au défaut de domicile fixe accompagne la faute, le péché et l'erreur. Depuis, on associe le voyage sans retour à la volonté punitive de Dieu. L'absence de maison, de terre, de sol suppose, en amont, un geste déplacé, une peine causée à Dieu. Le schéma imprègne l'âme des hommes depuis des siècles : les Juifs, les Tsiganes, les Romanichels, les Gitans, les Bohémiens, les Zingaros et tous les gens du voyage le savent qu'on a tous, un jour ou l'autre, voulu contraindre à la sédentarité, quand on ne leur a pas dénié le droit même à exister. Le voyageur déplaît au Dieu des chrétiens, il indispose tout autant les princes, les rois, les gens de pouvoir désireux de réaliser la communauté dont s'échappent toujours les errants impénitents, asociaux et inaccessibles aux groupes enracinés.

Toutes les idéologies dominantes exercent leur contrôle, leur domination, voire leur violence sur le nomade. Les Empires se constituent toujours sur la réduction à rien des figures errantes ou des peuples mobiles. Le national-socialisme allemand a célébré la race aryenne sédentaire, enracinée, fixe et nationale, en même temps qu'il désignait ses ennemis : les Juifs et les Tsiganes nomades, sans racines, mobiles et cosmopolites, sans patries, sans terres. Le stalinisme russe a procédé de la même manière, en persécutant lui aussi les sémites et les peuples de bergers des républiques caucasiennes ou sud-sibériennes.

Le pétainisme français a élu les mêmes victimes émissaires tout en célébrant les sédentaires régionaux, locaux, patriotes, nationalistes, les gens du terroir, les produits gaulois. Quelle faute reprochait-on à ces figures désignées ? D'être inassimilables à la communauté, irréductibles, impossibles à gouverner, à diriger. Leur punition ? Le camp, l'assignation à résidence, le parcage dans des enclos à bétail, embarbelés, puis la destruction, le gazage, comme avec des animaux nuisibles. Le capitalisme d'aujourd'hui condamne pareillement à l'errance, à l'absence de domicile ou au chômage les individus qu'il rejette et maudit. Leur crime ? Être inassimilables au marché, la patrie des argentiers. Leur châtiment ? Les ponts, la rue, les trottoirs, les bouches de métro, les caves, les gares, les bancs – l'avilissement des corps et l'impossibilité d'un havre, d'un repos.

Le voyageur concentre ces tropismes millénaires : le goût pour le mouvement, la passion pour le changement, le désir forcené de mobilité, l'incapacité viscérale à la communion grégaire, la rage de l'indépendance, le culte de la liberté et la passion pour l'improvisation de ses moindres faits et gestes, il aime son caprice plus que celui de la société dans laquelle il évolue à la manière d'un étranger, il chérit son autonomie placée nettement au-dessus du salut de la cité qu'il habite en acteur d'une pièce dont il ne méconnaît pas la nature farcesque. Loin des idéologies du village natal et de la terre, du sol de la nation et du sang de la race, l'errant cultive le paradoxe de la forte individualité et n'ignore pas que se joue là l'opposition rebelle et radieuse aux lois collectives. Zarathoustra, qui hait les villes et la vache multicolore, en fournit la figure tutélaire.

Voyager suppose donc refuser l'emploi du temps laborieux de la civilisation au profit du loisir inventif et joyeux. L'art du voyage induit une éthique ludique, une déclaration de guerre au quadrillage et au chronométrage de l'existence. La cité oblige à la sédentarité lisible grâce à une abscisse spatiale et à une ordonnée temporelle : être toujours dans un lieu donné à un moment précis. Ainsi, l'individu se contrôle et repère facilement par une autorité. Le nomade, quant à lui, refuse cette logique qui permet de transformer le temps en argent et l'énergie singulière, le seul bien dont on dispose, en monnaie sonnante et trébuchante.

Partir, emboîter le pas des bergers, c'est expérimenter un genre de panthéisme extrêmement païen et retrouver la trace des dieux anciens – dieux des carrefours et de la chance, de la fortune et de l'ivresse, de la fécondité et de la joie, dieux des routes et de la communication, de la nature et de la fatalité – et rompre les amarres avec les entraves et les servitudes du monde moderne. L'élection de la planète tout entière pour son périple vaut condamnation de ce qui ferme et asservit : le Travail, la Famille et la Patrie, du moins pour les entraves les plus visibles, les plus repérables.

En monade autosuffisante, le voyageur récuse le temps social, collectif et contraignant, au profit d'un temps singulier construit de durées subjectives et d'instants festifs voulus et désirés. Asocial, insociable, irrécupérable, le nomade ignore l'horloge et fonctionne au soleil ou aux étoiles, il s'instruit des constellations et de la course de l'astre dans le ciel, il n'a pas de montre, mais un œil d'animal exercé à distinguer les aubes, les aurores, les orages, les éclaircies, les crépuscules, les éclipses, les comètes, les scintillements stellaires, il sait lire la matière des nuages et déchiffrer leurs promesses, il interprète les vents et connaît leurs habitudes. Le caprice gouverne ses projets en relation avec les rythmes de la nature. Lui et son usage du monde, rien d'autre ne compte – voilà pourquoi il procède des bannis et des récusés. Quand il se met sur la route, il obéit à une force qui, surgie de son ventre et du tréfonds de son inconscient, le pose sur le chemin, lui donne l'impulsion et lui ouvre le monde comme un fruit exotique, rare et dispendieux. Dès le premier pas, il réalise son destin. Sur les pistes et les sentiers, dans les steppes et les déserts, dans les rues des mégapoles ou la désolation des pampas, sur la vague profonde ou dans l'air traversé par d'invisibles courants, il sait inévitable le rendez-vous avec son ombre – il n'a pas le choix.

Élire une destination

L'œil sur le planisphère, on saisit d'abord mal les distances. L'échelle ne signifie clairement et distinctement qu'aux acrobates en arithmétique, aux surdoués en calcul. Elle me fait songer au chiligone cartésien : concevable mentalement et globalement, certes, mais jamais dans le détail. J'entends bien intellectuellement un polygone à mille côtés, mais je n'en vois pas toutes les facettes. De même, je conçois bien l'éloignement du cap Horn et du détroit de Behring ou la signification d'un complet tour du monde, mais comment ne pas constater qu'en matière de géographie on bute sur les difficultés habituellement réservées à la théologie avec la question des noms de Dieu. De quelle façon dire le monde avec une carte qui se contente de le représenter et de le réduire à des conventions conceptuelles ?

Immédiatement, on se trouve pris dans cet étrange paradoxe : le planisphère semble petit et vaste le monde, or l'inverse est vrai : le planisphère est vaste, et petit le monde pourtant. Car, nonobstant sa nature et son éloignement, tout endroit s'atteint désormais, modernité des transports oblige, dans des délais fort convenables. Les lieux anciennement les plus éloignés – l'Inde de Marco Polo, l'Afrique de René Caillié, l'Orient de Nerval, l'Océanie de Bougainville – s'atteignent maintenant par des voies d'accès tracées sur les cartes définitivement débarrassées de leurs taches blanches. Toutes les destinations sont devenues possibles – question de temps. Dans ce champ des possibles, comment élire un lieu ? Que choisir ? À quoi renoncer ? Et pour quelles raisons ? Dans les combinaisons pensables, laquelle préférer, et pourquoi ?

Là encore le déterminisme généalogique s'impose. On ne choisit pas ses lieux de prédilection, on est requis par eux. Dans le registre élémentaire des philosophes présocratiques, chacun peut se découvrir porteur d'une passion pour l'eau, la terre ou l'air – le feu circulant dans le corps même du voyageur. Les nomades forcenés procèdent d'un élément qui les ramasse, les contient, les anime et fédère leurs enthousiasmes : la mer et les vagues des navigateurs, les montagnes et les plaines des marcheurs, l'éther et l'azur des aviateurs, ces trois points cardinaux orientent un mouvement sur le globe en rotation sous les doigts ou sur les cartes parcourues dans l'ensemble et scrutées dans le détail.

Ensuite, des combinaisons s'agencent entre les éléments : l'un veut l'eau froide de l'Arctique, l'autre les atolls et les courants chauds du Pacifique, ici on aspire aux terres grasses, tièdes et humides de la forêt tropicale, là on veut les sols brûlés et calcinés du désert saharien, le passionné d'air glacé des sommets himalayens ne s'emballe pas pour les paysages du furieux de moussons asiatiques ou les bleus et ocres du fils viscéral de la Méditerranée. Chaque corps aspire à retrouver l'élément dans lequel il se sent le plus à l'aise et qui fut jadis, aux heures placentaires ou premières, le pourvoyeur de sensations et de plaisirs confus, mais mémorables. Il existe toujours une géographie qui correspond à un tempérament. Reste à la trouver.

Un mot, un nom, un lieu, un endroit lisibles sur la carte retiennent alors l'attention. Celui d'un pays, d'un cours d'eau, d'une montagne, d'un volcan, celui d'un continent, d'une île ou d'une ville. L'indistinct, le viscéral se retrouvent dans une émotion déclenchée soudain par un nom fiché dans la mémoire : aller au Tibet, voir le fleuve Amour, gravir le mont Fuji, escalader l'Etna, cheminer sur les collines de N'Gong, nager dans l'océan Pacifique, aborder Guernesey, visiter Addis-Abeba, marcher dans les rues de Cyrène, naviguer dans la baie d'Along – chacun dispose d'une mythologie ancienne fabriquée avec des lectures d'enfance, des souvenirs de famille, des films, des photos, des images scolaires mémorisées sur une carte du monde un jour de mélancolie en fond de classe. Puis on passe à l'acte pour réaliser son rêve avant de mourir : stationner en silence à l'endroit où se rejoignent l'Orient et l'Occident, dans le détroit du Bosphore, marquer un temps d'arrêt devant la naissance d'une piste africaine en latérite rouge, se sentir interdit dans une rue de New York devant les jets de vapeur pulsés par les mufles de bouches d'égout, retenir son souffle en survolant les lagons de l'océan Indien, constater que son cœur bat en franchissant l'équateur ou en passant le tropique du Capricorne, frissonner d'émotion au-delà du Cercle polaire.

Rêver une destination, c'est obéir à l'injonction qui, en nous, parle une voix étrangère. Car un genre de démon socratique formule et trace à notre place cet éclair qui calcine en notre for intérieur l'indécis, l'imprécis ou le confus. À la manière dont le philosophe d'Athènes s'abandonnait à cette parole démiurgique, on laissera le choix d'un lieu, l'élection d'une destination à cette langue étrangère parlée par nous à notre corps défendant – à moins que précisément cette langue ne s'exprime raison défendante. Dans la multiplicité des possibles, le démon dit, reste pour la volonté à consentir. Alors le doigt s'arrête sur le planisphère dans les régions de l'âme correspondantes. On ne commet pas d'erreur en pratiquant ainsi.

Le corps emmagasine des images transformées en icônes. Or jamais culture ne les a autant célébrées, au détriment du livre et du concept, que la nôtre. Le texte va disparaître, le livre aussi, au profit de signes iconiques, pixelisés, scanérisés, le réel recule dans son épaisseur charnelle au profit de sa modalité virtuelle : nous atteignons le comble de l'image et, comme toujours en pareille occasion, l'excès tue la possibilité même de celles qui pourraient véritablement signifier. Les lieux du monde convergent vers les écrans informatiques ou télévisuels, tristement semblables à leur réalité, mais encagés, limités par la contrainte de la fidélité sommaire. La probabilité du voyage richement rêvé s'amenuise avec la réduction du monde à ses apparences. Triomphe platonicien…

D'où la nécessaire célébration du livre et du papier dans la constitution d'un imaginaire efficace et riche. Plutôt les romans de Jules Verne ou ceux de Paul d'Ivoi que les vidéos ou les disques chargés d'images numérisées : le désir de voyage se nourrit mieux de fantasmes littéraires ou poétiques que de propositions indigentes par trop de semblances avec une réalité sommaire. La généalogie d'icônes inconscientes utiles pour élire des destinations gagne à célébrer le texte, le livre, le roman, le poème, le récit de voyage. N'importe quelle ligne d'un auteur même moyen augmente plus le désir du lieu décrit que des photographies, encore moins des films, des vidéos ou des reportages. Entre le monde et soi, on intercalera prioritairement les mots.

Augmenter son désir

Le voyage commence dans une bibliothèque. Ou dans une librairie. Mystérieusement, il se poursuit là, dans la clarté de raisons précédemment enfouies dans le corps. Au commencement du nomadisme, donc, on rencontre la sédentarité des rayonnages et des salles de lecture, voire celle du domicile où s'accumulent les ouvrages, les atlas, les romans, les poèmes, et tous les livres qui, de près ou de loin, contribuent à la formulation, à la réalisation, à la concrétisation d'un choix de destination. Tous les quartiers d'une bonne bibliothèque mènent au bon endroit : le désir de voir un animal extravagant, celui de cueillir une plante presque introuvable, l'envie d'apercevoir un papillon confiné, l'aspiration à une veine géologique dans une carrière, la volonté de marcher sous un ciel hanté naguère par un poète, tout conduit au point du globe dont nous portons aveuglément le signe.

Le papier instruit les émotions, il active les sensations et élargit la proche possibilité de perceptions préparées. Le corps s'initie aux expériences à venir en regard d'informations généralisées. Toute documentation nourrit l'iconographie mentale de chacun. La richesse d'un voyage nécessite, en amont, la densité d'une préparation – comme on se dispose à des expériences spirituelles en invitant son âme à l'ouverture, à l'accueil d'une vérité à même d'infuser. La lecture agit en rite initiatique, elle révèle une mystique païenne. L'augmentation du désir débouche ensuite sur un plaisir raffiné, élégant et singulier. L'existence d'un érotisme du voyage suppose le dépassement d'un besoin naturel afin de susciter l'occasion d'une jubilation artificielle et culturelle. Arriver sur un lieu dont on ignore tout condamne à l'indigence existentielle. Dans le voyage, on découvre seulement ce dont on est porteur. Le vide du voyageur fabrique la vacuité du voyage ; sa richesse produit son excellence.

Donc, les livres et, en premier lieu, l'atlas – bible du nomade nécessairement nourri de géographie, de géologie, de climatologie, d'hydrologie, de topographie, d'orographie. Sur une carte, on effectue son premier voyage, le plus magique, certainement, le plus mystérieux, sûrement. Car on évolue dans une poétique généralisée de noms, de tracés, de volumes dessinés, de couleurs. Les conventions enseignent le marron des sommets, des chaînes de montagnes qui barrent et balafrent les continents : ici, les Rocheuses et la cordillère des Andes qui taillent verticalement le continent américain, là, cette ligne sinusoïdale qui traverse l'Europe d'ouest en est : Alpes, Carpates, Caucase et chaîne Himalayenne; elles forcissent le bleu des abîmes marins, des fonds profonds et sombres : taches dans l'océan Pacifique au milieu desquelles pullulent les sporades équatoriales, les archipels philippins, mélanésiens et polynésiens, dorsales, fosses, bassins et fractures qui tailladent ou creusent le fond des océans; ailleurs, les vaisseaux, veines, artères et capillaires des fleuves que parcourt un sang uniformément bleu : long jet longiligne du flux des embouchures et tremblements des sources, parcours électriques et serpentins des origines : l'Amazone, le Mississippi, le Saint-Laurent, le Niger, le Nil, le Gange, le fleuve Jaune comme une coronaire, une carotide, une aorte, une jugulaire d'écorché gravées sur une planche de Vésale.

Puis, la page tournée, loin de la planète racontée selon les accidents naturels, une carte politique affiche le même monde, mais cette fois-ci relativement aux tracés culturels voulus par les hommes. Là où la géomorphologie et la géologie obéissent aux caprices des forces telluriques, les planisphères découpés par les acteurs de l'histoire morcellent le réel en éléments d'un puzzle dont l'agencement suppose de longues guerres, d'interminables conflits. Les frontières s'arrosent de sang, bougent, se modifient : l'Europe centrale, après la fin du communisme, obéit à d'autres tracés, elle a connu des partitions, des morcellements, des éclatements. Nouveaux pays, fins d'anciennes formules. Naguère l'Autriche-Hongrie, il y a peu la Yougoslavie, la Tchécoslovaquie, aujourd'hui disparues sous le poids de nouvelles volontés politiques : Tchéquie, Slovaquie, Slovénie, Croatie, Bosnie-Herzégovine. Anéantissement de l'empire soviétique : les frasques humaines comptent pour rien. En regard de l'éternité, la géographie triomphe, l'histoire se réduit à l'écume.

Outre les cartes physiques, maritimes et politiques, les atlas proposent également le tracé des communications et des fuseaux horaires : après la géologie, la géographie, l'histoire et la politique, l'économie. Car les lignes maritimes, les liaisons aériennes, les distances en miles, les chiffres à ajouter pour obtenir les heures locales, les routes, les pistes, les voies ferrées, les aéroports correspondent aux échanges : flux d'hommes et de femmes, circulation de personnes, allées et venues de marchandises, transferts d'intelligence, mobilités familières des voies tracées dans les airs, sur terre et en mer afin de conduire les ingénieurs, les marchands, les banquiers, les industriels, les hommes d'affaires sur le lieu de leurs forfaits. Parmi eux, la classe innocente des touristes en route vers le soleil, les loisirs et la dépense somptuaire de leurs économies annuelles.

Routes de navigation, donc : Port-Louis-Bombay, pour comprendre la population mauricienne, New York-Rio de Janeiro, afin de saisir les rapports entre les deux Amériques, Londres-

Arhangelsk, dans le dessein de repérer la relation entre l'Europe marchande de la mer du Nord et l'entrée en mer Blanche sur le marché russe. Lignes aériennes, en bouquets qui fabriquent des parapluies ou des ombrelles sur le monde : toutes les grandes villes reliées, en contact, en relation, en réseaux. Et puis, des voies ferrées, avec des trains interminables : le Transsibérien, bien sûr, mais aussi Québec-Vancouver, la traversée est-ouest du Canada, Le Caire-Khartoum, la descente du Nil frôlé, Bombay-Bénarès, et autres destinations mythiques. Partout des moteurs et des hommes conduits, déplacés, transportés en migrations perpétuellement réitérées. Allers et retours, allers sans retours. La planète bruit sur toute sa surface de ces échanges d'individus et d'objets, d'informations et de projets.

Le monde n'est pas ce qu'il paraît car le centre de gravité des projections nous trompe avec des fictions. Une carte énonce l'idée qu'on a du monde, pas sa réalité. Quand les premiers cartographes proposent leurs dessins, ils trahissent une théologie, une conception du rapport entre le divin et l'humain, le céleste et le terrestre, ils avouent le travail de l'époque métaphysique en eux. Leur monde coïncide avec le monde et le monde connu avec le seul existant. En dehors, rien : de l'eau, puis du vide. Toutes les cartes placent en épicentre le cœur de leur représentation intellectuelle. La plupart du temps, soi, l'image et le reflet de soi. La vision soviétique du monde, bien sûr, réfutait celle des Américains. Celle des Chinois d'aujourd'hui ignore totalement la nôtre servie par la projection de Mercator qui installe l'Europe au beau milieu des terres représentables.

Pour organiser ce réel divers, les géographes recourent à la géodésie. Ils mathématisent le réel, le géométrisent et l'encagent en fuseaux, latitudes et longitudes. Ils écrivent des tropiques, un équateur, deux cercles polaires, l'un arctique, l'autre antarctique, ils tracent un méridien qui traverse Greenwich en son centre et s'amarre aux pôles. L'ensemble permet un quadrillage et une localisation possible par degrés. On ne peut mieux procéder pour obtenir un genre de panoptique et maîtriser la diversité afin de produire une unité lisible et codifiable. La rêverie du voyageur circule dans ce monde de traces et de lignes, de chiffres et de nombres. Elle s'en nourrit aux premières heures du désir nomade.

Certes l'atlas dit l'essentiel, mais pas tout. Il manque à son parti pris conceptuel une chair ajoutée par la littérature et la poésie. Car le poète plus qu'un autre installe son corps subjectif au milieu du lieu hanté par sa conscience et sa sensibilité. Toutes ses émotions, ses sensations, ses perceptions, toutes ses histoires singulières mûrissent dans son âme fantasque et débouchent un jour dans un court texte qui offre la quintessence de synesthésies fantasques : sentir des couleurs, goûter des parfums, toucher des sons, entendre des températures, voir des bruits.

Pratiquer tous ces exercices confirme que voyager suppose le dérèglement de tous les sens, puis leur réactivation et leur récapitulation dans le verbe. Écrire un poème, sur la jetée d'un pont devant l'eau scintillante d'un estuaire démesuré, à côté du hublot d'un avion survolant la Transylvanie, dans un café africain perdu au milieu de milliers d'hectares sans âme qui vive, griffer le papier froissé dans un hall d'aéroport, dans une chambre d'hôtel égyptien où la ventilation rabat l'air sur la nudité d'un corps fatigué, c'est demander aux mots la puissance alchimique des athanors : verser dans le creuset de son expérience de quoi porter les métaux à l'incandescence et obtenir l'or d'une poignée d'images qui demeurent.

Lire un poème permet d'accéder à l'imaginaire d'une subjectivité infusée par le lieu. D'où les collisions intellectuelles, les raccourcis spirituels et mentaux, les fusées affectives qui sollicitent l'âme, incitent et excitent les sens. Le poète transforme la multiplicité des sensations en un conservatoire réduit d'images incandescentes destinées à élargir nos propres perceptions. Tous les voyageurs racontent leurs pérégrinations dans des lettres, des cahiers, des récits. Un petit nombre seulement quintessencie ses déplacements dans un recueil de poèmes. La Chine de Claudel, le Tibet de Segalen, les Antilles de Saint-John Perse, l'Équateur de Michaux, le Mexique d'Artaud, l'Europe de Rilke – voire la poésie des voyants qui vivent et hantent leurs villes en visionnaires,

Apollinaire à Paris, Pessoa à Lisbonne ou Borges à Buenos Aires...

Après l'Atlas et le Poème, ces deux formes *a posteriori* de la sensibilité, la Prose prend le relais. Elle exprime autrement, de manière moindre, plus diluée, ce que le poète transfigure en éclats. Les récits de voyage regorgent de détails. Ils consignent parfois jour après jour le déroulement d'un pauvre emploi du temps. Là où la carte et les vers conceptualisent absolument, pratiquent l'abstraction de quintessence, la prose offre un rythme plus lent, plus long. Elle prend son temps. Comme la correspondance. On y raconte un paysage, un repas, une rencontre, un monument, une émotion, une fatigue, on pointe un trajet, on détaille un itinéraire, on rapporte des anecdotes, des péripéties. La matière paraît plus abondante que dans un sonnet ou des vers libres, mais, sans conteste, elle se révèle moins riche.

Restent les ouvrages qui fournissent l'occasion d'une moisson de renseignements pratiques. Les Utilitaires, les Guides. On y rêve également, mais avec d'autres recours, d'autres secours. Des adresses, des repères, des indications techniques pour téléphoner, affranchir du courrier, se vêtir, faire une valise, manger, se loger; des détails sur les spécialités culinaires, les vins, les boissons, les heures de repas, les habitudes sociales, les taux de change, l'usage des taxis; des synthèses historiques, des invitations à visiter un musée, à remarquer une œuvre dans une salle, des dates fondatrices;

des notes sur la faune, la flore, le climat ; des extraits littéraires classiques, les incontournables du morceau choisi de voyage ; des résumés de civilisation, des plans généraux, puis de détail, des noms de rue, des cartes, des plans. Un bréviaire pour une vie quotidienne dans le menu, l'infime. Moins livres à lire qu'à feuilleter, à parcourir, à prendre et à reprendre, à compulser.

En fait, le Guide, la Prose, le Poème, l'Atlas offrent l'occasion de ce que Plotin appelait une dialectique descendante : des détails, des souvenirs, des idées, du concept, tout contribue à la sollicitation du désir : on le découvre, on l'entretient, on le nourrit, puis on en jouit, il nous construit autant que nous le construisons. D'une manière somme toute platonicienne, nous sollicitons l'idée d'un lieu, le concept d'un voyage, puis nous partons vérifier l'existence réelle et factuelle de l'endroit convoité, entrevu par les icônes, les images et les mots. Rêver un lieu, dans cet état d'esprit, permet moins de le trouver que de le retrouver. Tout voyage voile et dévoile une réminiscence.

ENTRE-DEUX I

Habiter l'entre-deux

À quel moment commence réellement le voyage ? L'envie, le désir, certes, la lecture, bien sûr tout cela définit le projet, mais le voyage lui-même, quand donc peut-on le dire entamé ? Dès la décision de partir et d'aller dans un endroit plutôt qu'un autre ? Quand on ferme une valise, boucle un sac ? Non. Car il existe un moment singulier, repérable, une date de naissance évidente, un geste signataire du commencement : dès le mouvement de clé dans la serrure de la porte de son domicile, quand on ferme et laisse derrière soi sa maison, son port d'attache. À cet instant précis débute le voyage proprement dit.

Le premier pas installe *de facto* dans un entre-deux relevant d'une logique spéciale : plus dans l'endroit quitté, pas encore dans l'endroit convoité. Flottant, vaguement relié à deux bornes, dans un état d'apesanteur spatiale et temporelle, culturel et social, le voyageur pénètre dans l'entre-deux comme s'il abordait les côtes d'une île singulière. De plus en plus loin de son domicile, de moins en moins éloigné de sa destination, l'individu qui circule dans cette zone blanche, neutre, gravit fictivement une pente ascendante, atteint un point zénithal, puis entame une descente. On vient de, on va vers, on accumule les kilomètres qui séparent de chez soi, on réduit ceux qui nous rapprochent de l'autre. Ce monde de l'intermédiaire obéit à des lois propres ignorantes de celles qui régissent les relations humaines habituelles.

Avion, bateau, train, voiture ou car, on partage un espace commun le temps de passage d'un point à un autre. La cabine de vol, le ponton, le wagon, la banquette, l'habitacle offrent des occasions de proximité, voire de promiscuité, qui forcent à la relation ou contraignent à la conversation. Dans ce microcosme communautaire se joue une intersubjective limitée dans le temps. Dès l'arrivée dans l'aéroport, le port, la gare, la place de stationnement, cette société se défait la plupart du temps. Elle se délite aussitôt que les raisons aléatoires d'être ensemble disparaissent.

On peut parler, sympathiser, échanger, se raconter sa vie sans complexes, sans retenue, car l'ambiance le permet de manière étrange. Il règne dans ces lieux une atmosphère particulière consubstantielle à la circonstance de l'entre-deux : un genre d'abandon semblable à ceux des salles d'attente médicales ou vraisemblablement des cabinets d'analystes. Loin des raideurs sociales et des convenances policées, des règles collectives et des habitus sociaux, le voyageur côtoie un monde interlope de gens portés à la confidence, à ce que Heidegger appelle le bavardage : un genre de déchéance de la parole, une pratique compensatoire, peut-être, de l'angoisse générée par l'abandon de son domicile et l'arrivée dans un monde sans repère.

Dans cet échange de mots pour eux-mêmes, qui semble devenu une finalité et non un moyen de communiquer, la surface verbale prend le pas sur la profondeur intellectuelle. On raconte des choses sans importance, on détaille des pans d'existence, on s'appesantit sur des fragments de vie insipide transformés en morceaux de bravoure susceptibles de nous faire paraître importants, essentiels, notables. Dans l'entre-deux, la proximité génère le bavardage et ses objets de prédilection : les péripéties du voyage, de la confidence banale, de vagues considérations sur le monde comme il va, de l'autobiographie transfigurée en épopée.

Lieu du verbe démonétisé, l'entre-deux est également celui de croisements symétriques. Sa population se constitue d'un flux et reflux de vagues : l'une va vers, l'autre revient de – les partants endossent en amont les habits des revenants. Les premiers entament le mouvement ascendant de leur voyage, ils laissent leur domicile derrière eux, les seconds abordent le mouvement descendant et retournent chez eux. Dans cet espace mental se croisent des gens avides de voir et des individus repus de choses vues. Ceux qui aspirent aux souvenirs partagent le temps de ceux qui en rapportent une quantité importante. L'impression de miroir règne dans l'endroit : chacun se sent l'inverse de l'autre, son exact contrepoint, semblable, mais très exactement dans la relation de l'avers et du revers de la même pièce. Les forces opposées s'équilibrent et créent une étrange suspension mentale.

Ce lieu d'extraterritorialité ne paraît gouverné par aucune langue, ni par aucun temps. Quel idiome parler, en effet, quand on entre dans l'avion ? Celui du pays quitté ou du pays de destination ? Dans quel lieu voyageons-nous une fois confinés en l'air ? Celui de la loi qui suppose l'espace aérien propriété du pays survolé ? Quel point du ciel permet de dire nettement le franchissement d'une frontière ? De même pour le bateau croisant dans les eaux internationales. Pareil avec le temps d'une destination où sévit un décalage horaire : heure du lieu de départ ou du lieu d'arrivée ? Heure spécifique d'un temps universel ? À quel moment tourner les aiguilles de sa montre ? Très exactement au milieu des kilomètres parcourus ? En fait, chacun subit l'anglais universel et le rythme socialement imposé par les plateaux-repas distribués dans les vols long-courriers. Eux seuls confèrent un semblant de social en fournissant des repères : le genre de nourriture oblige à vivre selon l'heure du réveil ou de la demi-journée, du déjeuner ou du dîner.

Dans l'entre-deux, quand les repères de civilisation disparaissent, le corps tend à retrouver ses marques naturelles et obéit plus ardemment à la souveraineté de ses rythmes biologiques : il mange et boit quand il a faim et soif, puis dort au moment où le sommeil le requiert. Ce temps participe de manière lointaine, parce que trop bref, des expériences d'enfermements et de confinements pratiquées par des spéléologues. En effaçant les calculs, les machines à mesurer le temps, les horloges, en supprimant les repères naturels (levers et couchers de soleil, alternance du jour et de la nuit), le corps va vers sa vérité profonde et viscérale, animale. Dans l'entre-deux s'expérimente cette subjectivité radicale, elle met en branle des logiques inconnues de chacun. En célébrant ces retrouvailles avec les durées biologiques, en jouant avec les décalages entre corps social et corps naturel, civilisation et biologie, chaque individualité connaît le plaisir de sentir son corps vivant, travaillé par plus grand et plus fort que lui.

L'entre-deux génère donc une géographie particulière, ni ici, ni ailleurs, une histoire propre, ni enracinée, ni atopique, un espace nouveau, ni fixe, ni insaisissable, un temps autre, ni mesurable, ni lisse, une communauté nouvelle, ni stable, ni durable. Lieu des croisements, surface des extra-territorialités, il induit des îlots de sens producteurs d'archipels aléatoires destinés à la décomposition. Entre le lieu quitté et la terre foulée à l'arrivée, porté sur l'eau, dans les airs ou se déplaçant dans une translation qui isole du sol, le voyageur découvre quelques nouveautés métaphysiques : les joies de la communauté ponctuellement réalisée dans l'insignifiance partagée, la pratique de la durée comme un écoulement étourdissant, l'impression d'habiter un endroit fabriqué de toutes pièces par la vitesse de déplacement. Dans cette attente magique, le voyage s'initie solidement.

PENDANT

Réaliser l'amitié

Certes on peut voyager seul, mais avec la certitude d'être sans cesse face à soi-même, dans le détail, nuit et jour, les heures fastes et néfastes. Moments heureux ou moments tristes, secondes mélancoliques ou joyeuses, désir d'isolement ou volonté de partager, dans tous les cas, on doit se supporter, accepter sa propre compagnie. Là n'est pas toujours la meilleure formule. Mais si la solitude contraint effectivement à la certitude de vivre en permanence avec soi-même, le groupe, lui, empêche de ne jamais jouir de soi. Face à face ou face aux autres, l'alternative ne paraît guère joyeuse. Le voyage solitaire, ni sa formule tribale ou grégaire, ne semblent fournir de belles occasions pour réaliser une véritable communauté hédoniste.

En revanche, voyager à deux me semble illustrer une formule romaine, car elle permet une amitié construite, fabriquée jour après jour, pièce par pièce. Notre Occident christianisé n'aime pas l'amitié très vite devenue une vertu suspecte parce qu'antinomique avec la religion sociale, familialiste et communautaire. De plus, la vogue bourgeoise du mariage d'amour rend caduc cet exercice païen : dans le couple on demande désormais à l'autre de jouer l'ensemble des rôles affectifs, y compris celui de confident ou de camarade. La conjugalité, la cohabitation, le tropisme géniteur achèvent l'amitié comme possibilité existentielle et éthique. L'excellence de cette figure de l'intersubjectivité antique disparaît corps et biens dans les pratiques modernes de la camaraderie, du copinage, de la relation mondaine, de la fréquentation pauvre destinée à conjurer la solitude à moindre frais. On déjeune, on dîne, on passe un week-end ensemble, on se distribue des rôles de parrains ou de marraines à l'occasion du baptême des enfants respectifs, on associe les conjoints aux agapes, certes, mais on cesse d'être à deux, on ne pratique plus l'amitié, bientôt on ne croit plus, reste à enterrer le cadavre d'une belle histoire décomposée.

Voyager à deux suppose l'élection. Rien de pire que le comparse obligé, le voisin débordant qui s'autorise d'une destination commune pour s'imposer. Pauvre de nous quand le parasite venu de nulle part profite de notre solitude, et surtout de la sienne, pour nous infliger sa conversation, sa présence, son bavardage. Malédiction sur les groupes désireux de nous agréger à leur communauté indésirable parce qu'ils ne supportent pas un individu isolé, sans attaches manifestes et visibles. Voyager à deux permet de mettre à distance les indésirables écartés, tout autant que de choisir des individus réellement élus. Deux dispense des aléas de l'un et des inconvénients de plus.

Ni seul ni à plusieurs, circuler avec son ami permet d'éviter l'angoisse démultipliée du trajet solitaire, du barrage des langues étrangères, des administrations et des tracasseries bureaucratiques aux frontières, aux commissariats, avec les fonctionnaires, les polices, armées et gendarmeries du monde. L'étranger circulant librement dans un pays inquiète les autorités, qui plus là où la démocratie ne règne pas, autant dire dans la plupart des endroits de la planète. L'amitié fournit le cordial nécessaire à la conjuration de l'état de fragilité consubstantiel à l'éloignement du domicile, loin des repères et références habituellement sécurisantes de l'animal en nous.

Dans l'exercice de l'amitié, on dispose avec l'autre du tiers le moins tiers possible. Avec lui s'expérimentent le partage, l'échange, le silence, la fatigue, le projet, la réalisation, le rire, la tension, la détente, l'émotion, la complicité. Sa présence se manifeste avant le voyage, après et pendant. Dans sa phase ascendante, dans son mouvement descendant, dans le temps du désir, celui de l'événement, celui du souvenir, puis de la réitération, il est là, indéfectible et nécessaire. Dans l'instant, le moment, il rend possible la seule véritable communauté pensable, celle des complicités sans corps que le temps bonifie, améliore. Le voyage fabrique l'amitié tout autant que l'inverse. Le même temps vécu sur le mode de la capillarité nourrit substantiellement cette transfiguration de l'un par l'autre.

Dans le détail du voyage, l'amitié permet la découverte de soi et de l'autre. On vit sous ses yeux, au quotidien, dans des états d'esprit différents, multiples et contradictoires. Or la fatigue contribue à l'exacerbation des véritables natures. Marcher, cheminer, aller et venir, manger peu, mal, boire trop, ou pas assez, se lever tôt, se coucher tard pour profiter abondamment du lieu et des circonstances, toutes ces occasions mettent le corps dans un état second. Plus fragile, mais aussi plus sensible, écorché, l'émotion à fleur de peau, peaufiné comme un instrument extrêmement performant, le corps devient un sismographe hypersensible, donc, susceptible à l'excès. Dans cette logique où l'infinitésimal compte pour beaucoup, l'amitié se manifeste dans toute sa splendeur.

Cette vertu sublime se vit, elle ne se rêve pas. La réalisation d'un voyage formule une communauté singulière : là où l'amour paraît fragile, dépendant de l'usage des corps charnels, l'amitié connaît une véritable force, insoucieuse et indépendante des affres amoureuses. L'amitié, cet amour moins le corps, génère un usage commun du temps, de l'espace et de l'énergie. Entre amis, alors, tout est commun sur le principe du contrepoint : la force de l'un compense la faiblesse de l'autre, la fatigue du premier appelle la résistance du second, le manque ici induit la plénitude là.

Un même magnétisme circule entre les deux êtres et irrigue les âmes avec une ardeur sans pareil. À la manière de l'harmonie musicale, les différences agencées produisent des complémentarités, des complétudes, un genre d'œuvre mélodieuse. La somme des deux entités produit une tierce figure qui décide du contenu, de la forme et du déroulement du voyage. Les envies, les aspirations, les déterminations, les volontés pulvérisent les fatigues, les ennuis, les nonchalances, les faiblesses. L'improvisation nomade suppose la prise en considération du désir tiers et, loin d'entraver le mouvement de l'un, ce souci génère des possibles nouveaux pour l'autre. Tout ce qui viendrait à bout d'un individu seul épargne d'abord les deux amis réunis, puis les galvanise et mobilise l'énergie dans la puissance d'une réalisation commune.

Dans un voyage digne de ce nom, l'amour se trouverait exposé, fragilisé. Par exemple, dans la relation à l'autre sexe, biaisée ou interdite dans sa spontanéité lors d'un voyage en amoureux. La possibilité de rencontrer librement les femmes d'un pays, pour parler, rire, discuter, échanger, sans forcément le souci d'une aventure sexuelle, se trouve entravée par la présence de l'épouse, de la compagne, de la copine. De même, les femmes subissent le parasitage d'un mari, d'un époux ou d'un compagnon dans leurs relations aux hommes autochtones. En jumeaux, en androgynes joyeux, les amis fabriquent le voyage qui, en retour, et dans un geste paradoxal et singulier, les constitue dans leur intimité. Partir avec son ami offre la certitude d'aller au-devant de plaisirs diamantins.

Piéger la mémoire

Le poète reclus dans le Harar invitait au dérèglement de tous les sens et à la nécessité de fixer des vertiges. Comment procéder avec les ivresses induites par le voyage ? Écrire ? Noter ? Dessiner ? Envoyer des lettres ? Et si oui, brèves ou longues ? Préférer des cartes postales ? Photographier ? Transporter avec soi des carnets sur lesquels on consigne croquis et phrases, mots et silhouettes, chiffres et nombres ? De la moleskine ou du cuir, du carton ou du tissu, reliés ou brochés, joliment entoilés ou négligemment déchiquetés : quels fétichismes pour ces objets quotidiens présents dans toutes les circonstances ? Le voyageur ne saurait économiser un support pour fixer les ébranlements consubstantiels aux déplacements.

Car du perpétuel flot et flux d'informations on ne retient jamais l'intégralité. Le voyage fournit en effet une occasion d'élargissement des cinq sens : sentir et entendre plus vivement, regarder et voir plus intensément, goûter ou toucher avec plus d'attention – le corps en émoi, tendu et prêt pour de nouvelles expériences, enregistre plus de données que d'habitude. Il se trouve moins englué dans le détail du journalier que soumis à l'épreuve phénoménologique : immergé dans le réel, il connaît par le jeu de l'intentionnalité et de la conscience, il expérimente l'être contraint à surgir comme événement et le néant où se trouvent relégués les déchets de la décision. Voyager met en demeure de fonctionner à plein sensuellement. Émotion, affection, enthousiasme, étonnement, interrogation, surprise, joie et stupéfaction, tout se mélange dans l'exercice du beau et du sublime, du dépaysement et de la différence.

Noter, donc. Noter ce qui, dans le déroulement temporel et fluide du temps réel, dégage du sens et quintessencie le voyage. Couper, tailler dans le ruban de la chronologie des durées magnifiques, des instants qui rassemblent et résument l'idée, puis synthétisent l'esprit du déplacement. La mémoire fonctionne ainsi : prélever dans l'immensité longue et lente du divers les points de repère vifs et denses utiles pour cristalliser, constituer et durcir les souvenirs. Ce qui hante l'esprit après avoir quitté la géographie depuis longtemps, voilà matière à souvenance. Dans cet ordre d'idée, la mémoire se travaille à la manière d'une gemme brute à tailler.

D'abord, considérer ce bloc d'images et de sensations auquel se réduit toujours un voyage dans son immédiateté. Émotions diffuses, perceptions désordonnées, saisies éclatées, fragments et morceaux de réel sans relations *a priori*, sinon leur réception dans un lieu, un temps, une heure et un endroit précis. Au milieu même de l'événement, seule existe la multiplicité des informations vécues dans le désordre : des flèches en pagaille, des sollicitations en nombre, des fusées en bouquet, mais rien de sensé ici et maintenant. Le corps s'ouvre à l'expérience, il enregistre et emmagasine le diffus, le divers.

Accepter donc, dans un premier temps, l'odeur d'un marché oriental, les senteurs d'encens, de safran ou de santal d'un temple bouddhiste, vouloir les couleurs orangées, bleues et violettes d'un coucher de soleil sur le haut de dunes sahariennes, accueillir avec bienveillance la chaleur sèche, brutale et dessicante d'un désert africain, écouter avec ravissement les cris d'oiseaux rares ou de singes hurleurs, le coassement de crapauds buffles ou les crissements d'élytres d'insectes tropicaux, goûter l'ombre des ruelles, la fraîcheur des rues, l'obscurité des passages dans les villes méditerranéennes, boire l'eau glacée d'une fontaine médiévale perdue dans une ville contemporaine, laisser sa bouche se remplir du goût d'une papaye, de la violence verte d'un citron, de l'amertume pourtant caramélisée d'un café kenyan, voire du tabac égyptien parfumé à la pomme ou d'un opium chinois, toucher la granulation, éprouver la porosité des pierres renversées d'un temple sicilien où déambulèrent des philosophes présocratiques – sentir violemment son corps exister dans la douceur d'un instant vécu sur le mode magique, mirifique et magnifique.

Ensuite, le quotidien épuisé, les myriades sensuelles absorbées, ordonner, tracer dans ce bloc d'émotions des lignes de force, des traits, des lignes de fuite, frayer le passage à des énergies, produire du sens, organiser, bâtir. D'où la nécessité de dresser la mémoire, de la dominer avec méthode. Fixer cet ensemble explosé exige l'éviction, l'oubli, le refus de ce qui travaille insuffisamment la chair et laisse des traces ailleurs que dans la mémoire classique : dans les muscles, les articulations, dans le sang, sous la peau, dans les cadences de la respiration, indexées sur les rythmes profonds et les métabolismes mystérieux, mais de manière *a priori* invisible, impossible à solliciter par la mémoire classique. La matière se souvient, les atomes n'oublient pas, mais le réservoir mnémonique traditionnel est vide de ces références.

Donc, fixer à l'aide des techniques dans lesquelles on se sent le plus à l'aise : l'aquarelle ou la photographie, le poème ou le croquis, la note brève ou le long développement, la lettre ou la carte postale. Chaque support appelle un temps singulier : les vitesses excessives de l'appareil photo à un bord, la longue patience de l'écriture poétique ouvragée à l'autre, l'image ici, le texte là, la couleur à l'eau mélangée dans un cas, le trait vif, sec et cursif dans l'autre, le verbe déployé ou le mot économisé, voire la bande magnétique qui conserve le souvenir d'une soirée où s'entendaient les batraciens énormes et les insectes monstrueux du continent africain. Peu importe le support pourvu que la mémoire produise des souvenirs, extraie des quintessences, fabrique des repères avec lesquels organiser plus tard l'ensemble du voyage. Dans le fouillis et le fatras de l'expérience vécue, la trace cartographie et permet le relevé d'une géographie sentimentale.

Plus tard, le temps de l'événement loin derrière soi, il reste des instants congelés en des formes susceptibles de réactivations immédiates. Ces traces justifient moins le voyage qu'elles le rendent partiellement immortel. Rien de pire qu'un déluge de traces, une abondance de photographies – sinon l'hystérie contemporaine et touristique qui consiste à tout enregistrer au caméscope au risque de réduire sa présence au monde à la seule activité de filmer... Rien de plus inutile qu'une somme astronomique d'aquarelles, de poèmes, de dessins, de pages qui rendent impossible le travail de mémoire mais qui, au contraire, la brouillent, ajoutent à la confusion et renvoient le divers ou le confus à plus divers encore et à plus confus.

Entre l'absence de trace et leur excès, la fixation des instants forts et rares remplace le long temps de l'événement en un temps court et dense : celui de l'avènement esthétique. Avec de longues durées, il s'agit de produire de brèves émotions et du temps concentré dans lequel se comprime le maximum d'émotions expérimentées par le corps. Un poème réussi, un cliché retenu, une page qui reste supposent la coïncidence absolue entre l'expérience vécue, accomplie et la souvenance réactivée, toujours disponible malgré l'écoulement. D'un voyage ne devraient rester que trois ou quatre signes, cinq ou six, guère plus. En fait, autant que les points cardinaux nécessaires à l'orientation.

Inventer une innocence

Difficile d'économiser les préjugés de son époque sur la diversité du monde, d'autant qu'ils procèdent pour la plupart d'un vieux fonds culturel délétère : l'esprit des peuples, le caractère des races, le tempérament des nations et autres considérations issues de l'anthropologie, du récit de voyage, de la philosophie politique, mais aussi d'une sorte de bon sens populaire rassis. Étrange comme on retrouve ces théories fautives autant chez Hegel écrivant sur la philosophie de l'histoire et cherchant les surgissements de la Raison dans le Réel que chez Monsieur Homais rentrant de vacances à l'étranger armé pour tout bagage intellectuel de la piètre digestion d'un guide de voyage. Aller quelque part, c'est la plupart du temps se diriger au-devant des lieux communs associés depuis toujours à la destination élue.

Enfermer des peuples et des pays dans des traditions elles-mêmes réduites à deux ou trois idées pauvres rassure car il est toujours plaisant de soumettre la multiplicité insaisissable à l'unité facilement maîtrisable : ainsi des Africains doués pour le rythme, des Chinois fanatiques de commerce, des Asiatiques en général talentueux pour la dissimulation, des Japonais polis à l'extrême, des Allemands obsédés par l'ordre, des Suisses bien connus pour leur propreté, des Français arrogants, des Anglais égocentriques, des Espagnols fiers et fascinés par la mort, des Italiens futiles, des Turcs ombrageux, des Canadiens hospitaliers, des Russes associés à un sens aigu de la fatalité, des Brésiliens hédonistes, des Argentins travaillés par le ressentiment et la mélancolie, pendant que les Maghrébins excellent, bien évidemment, dans l'hypocrisie et la délinquance.

Pêle-mêle, ces lieux communs permettent d'expliquer, du moins le croit-on, le jazz américain et la finance post-maoïste, la généalogie du fascisme européen et la légendaire neutralité helvétique, l'insularité génétique des Anglo-Saxons et la sanglante corrida ibérique, l'exception nationale française et la dramatique mafia moscovite d'après Glasnost, l'immigration en Amérique du Nord, terre d'accueil pour les aventuriers et les colons, le corps joyeux des plages de Copacabana et le grand, long et glacial frisson du tango des caves de Buenos Aires, mais aussi les taux de criminalité élevés dans les pays européens, peu importe la vérité, pourvu qu'apparence de sens s'ensuive. On pourrait établir une liste non exhaustive des jugements et avis tenus par les uns sur les autres, qui s'en sortirait indemne ?

Quelque chose de vrai a pu faire sens, dans toutes ces quincailleries intellectuelles, à l'époque des fermetures nationales et des traditions locales, quand le voyage était rare, le tourisme inexistant et le temps plus lent, semblable depuis des millénaires dans des espaces préservés par la communication et les échanges. Dans les heures antédiluviennes, certes, on aura pu constater l'influence religieuse ou idéologique de grandes visions du monde sur des traditions hospitalières ou pacifiques, conquérantes ou intolérantes. On ne naît pas impunément sur une terre conquise de longue date par Moïse, Bouddha, Confucius, Jésus ou Mahomet. L'histoire, bien sûr, mais aussi la géographie, le paysage, s'en trouvent d'autant marqués, et profondément. Pour autant, depuis les voyages du seizième siècle, la découverte des continents, la pénétration des peuples les uns chez les autres, l'effacement progressif des taches blanches sur les cartes, les conquêtes mutuelles, le cosmopolitisme généralisé, la planète s'est rétrécie, l'esprit des peuples a fondu dans l'identité d'une humanité bientôt réduite à une seule entité spirituelle.

L'un des risques du voyage consiste à partir pour vérifier par soi-même combien le pays visité correspond bien à l'idée qu'on s'en fait. Entre le désir de trouver sur place les lieux communs incarnés avec lesquels on avait rempli son esprit et celui de se rendre sur une terre absolument vierge, il existe une demi-mesure : elle suppose un art de voyager inspiré par le perspectivisme nietzschéen : pas de vérités absolues, mais des vérités relatives, pas de mètre étalon idéologique, métaphysique ou ontologique pour mesurer les autres civilisations, pas d'instruments comparatifs qui imposent la lecture d'un lieu avec les repères d'un autre, mais la volonté de se laisser remplir par le liquide local, à la manière des vases communicants.

On pourrait appeler cette fâcheuse tendance à voir le réel avec le filtre de sa culture la position du missionnaire. En effet, les prêtres partis pour évangéliser les contrées lointaines décodaient le lieu où ils arrivaient avec le bagage conceptuel chrétien, plus particulièrement catholique, apostolique et romain. Quand un père blanc arrive en mission dans un pays africain ou sur le continent chinois, il juge, jauge et condamne en regard des écrits testamentaires et des Évangiles. Cette façon perdure chez nombre des touristes qui appréhendent aujourd'hui une civilisation ou une culture avec les repères de leur esprit préfabriqué et enclos dans les limites de leur temps, de leur époque et de ses travers.

La polygamie marocaine, l'excision malienne, l'infibulation éthiopienne, le cannibalisme guayaki, l'infanticide chinois peuvent se lire en missionnaire qui condamne ou en ethnologue essayant de comprendre : le Père Huc contre Claude Lévi-Strauss.

Difficile de ne plus être pieux et d'économiser la lecture catholique, y compris sous ses formes actuelles, humanistes et imbibées de religion des droits de l'homme. On sait depuis Montaigne que « nous appelons barbarie ce qui n'est pas de notre fait », et l'on consent volontiers à cet impératif éthique, mais seulement quand il s'agit de lire le monde dans la perspective du politiquement correct, exportateur des valeurs occidentales, laïques et héritées des Lumières. Comment toutefois légiférer intellectuellement dans ces pays où se pratiquent ces extravagances ontologiques la Bible dans une main et la Déclaration des droits de l'homme et du citoyen dans l'autre ?

Voyager suppose moins l'esprit missionnaire, nationaliste, eurocentré et étroit, que la volonté ethnologique, cosmopolite, décentrée et ouverte. Le touriste compare, le voyageur sépare. Le premier reste à la porte d'une civilisation, il effleure une culture et se contente d'en apercevoir l'écume, d'en appréhender les épiphénomènes, de loin, en spectateur engagé, militant de son propre enracinement ; le second tâche d'entrer dans un monde inconnu, sans prévenance, en spectateur désengagé, soucieux ni de rire ni de pleurer, ni de juger ni de condamner, ni d'absoudre ni de lancer des anathèmes, mais désireux de saisir de l'intérieur, de comprendre – selon l'étymologie. Le comparatiste désigne toujours le touriste, l'anatomiste signale le voyageur.

Pour contribuer à la fabrication d'une innocence recouvrée, on évitera donc de partir en un pays pour y constater ce qu'enseignent les lieux communs : on évitera de se déplacer en Afrique pour rencontrer des guerriers masaï qui, le rythme dans la peau et la danse dans le sang, s'exciteraient de manière folklorique dans une aire balisée par l'office du tourisme vivant en parasite de cette exploitation de la passion comparatiste touristique ; on tâchera de ne pas s'en aller dans des contrées de tradition musulmane pour constater de visu la façon dont s'incarnent le raffinement arabe au quotidien et la passion islamique pour l'abstraction, car on ne verra rien de tout cela dans un endroit où la religion assure, là comme partout ailleurs, la domination sur les corps ; on ne verrait pas plus à l'œuvre l'amour du prochain des chrétiens en séjournant à Paris, Rome ou Dublin.

L'innocence suppose l'oubli de ce qu'on a lu, appris, entendu. Non pas la négation, ni l'économie, mais la mise à l'écart de ce qui parasite une relation directe entre le spectacle d'un lieu et soi. Voyager appelle une ouverture passive et généreuse à des émotions générées par un lieu à prendre dans sa brutalité primitive, comme une offrande mystique et païenne. Loin des clichés transmis par des générations accumulées, loin des appréhensions morales et moralisatrices, loin des réductions éthiques et ethnocentriques, loin des réactivations insidieuses de l'esprit colonisateur et envahisseur, intolérant et barbare, le voyage appelle le désir et le plaisir de l'altérité, non pas la différence facilement assimilable, mais la véritable résistance, la franche opposition, la dissemblance majeure et fondamentale.

L'invention de l'innocence nécessaire au voyage exige donc l'abandon des opinions sur l'esprit des peuples, le refus du regard égocentré et missionnaire, mais aussi l'affranchissement à l'endroit des préjugés sur la forme du voyage. Car presque tous les auteurs spécialisés sur le sujet célèbrent l'immersion, vantent le mérite des longues durées, d'investissements singuliers – l'apprentissage de la langue, la domiciliation sur place, la vie avec les autochtones. Dans quels buts ? Comprendre un pays, saisir sa nature essentielle, appréhender véritablement sa saveur ? Disposer d'une intelligence active à l'intérieur de cette culture alors même que les ressortissants du pays n'en disposent pas ?

La conversion ne change rien à l'affaire : on demeure prisonnier de sa naissance, de sa terre natale, de sa langue maternelle, muré dans les pliages primitifs de l'enfance. Un quart de siècle vécu au Japon par un Japonais n'équivaudra jamais métaphysiquement à la même durée vécue par un Occidental dans le même lieu. La compréhension d'un pays ne s'obtient pas en vertu d'un long investissement temporel mais selon l'ordre irrationnel et instinctif, parfois bref et fulgurant, de la pure subjectivité immergée dans l'aléatoire désiré. Le préjugé rationaliste suppose possible la saisie d'un lieu par le seul effort intellectuel, par le biais cérébral et volontariste. Or, touriste ou voyageur, on est toléré comme résident spirituellement engagé dans un passage plus ou moins long, jamais à la manière viscérale d'un natif.

Certes, pareille mission, pareille conversion, pareil sacerdoce se comprennent et produisent des effets. Mais je crois moins aux certitudes obtenues par la durée du séjour que par son intensité et la qualité d'artiste du regardeur nomade. Un bon voyageur avoue une capacité à enregistrer les moindres variations, il est sensible aux détails, à l'information microscopique. Roland Barthes capte plus et mieux le Japon avec sa sensibilité d'écorché, son tempérament sismographique, son esprit vif et son intelligence acérée, même s'il ignore tout de la langue et reste sur place peu de temps (quatre-vingt-cinq jours en trois séjours au total) que des spécialistes dûment diplômés des langues orientales ayant travaillé sur l'évolution du signe dans la littérature de la période Edo ou domiciliés dans un quartier populaire de Kyoto. Et que dire d'un Claudel dont la poésie saisit l'Orient dans sa moelle tout en ignorant le chinois et le japonais, bien qu'il ait été diplomate en Extrême-Orient pendant quatorze ans et ambassadeur de France à Tokyo pendant six ans ? L'œil instinctif de l'artiste vaut mieux que l'intelligence cérébrale des laborieux du concept.

Le voyageur nécessite moins une capacité théorique qu'une aptitude à la vision. Le talent pour rationaliser est moins utile que la grâce. Quand il le possède, le nomade-artiste sait et voit en visionnaire, il comprend et saisit sans explications, par impulsion naturelle. Il pratique ce qu'en des catégories spinozistes on pourrait appeler la connaissance du troisième genre, celle qui se nourrit d'intuitions et de la pénétration immédiate de l'essence des choses. Dans ce cas, la réalité infuse par capillarité le voyageur qui appréhende. Une vie entière d'exilé ne paraît pas utile, l'illumination rend parfois atteignable un épicentre demeuré obscur au pérégrin dépourvu de don. Tous les passeurs, les écrivains du voyage, les artistes du nomadisme expérimentent cette évidence, car tous vivent en illuminés, en grands brûlés, en incandescents.

Ainsi du poète, le visionnaire par excellence là où d'autres se contentent de la position du voyeur. Son talent économise les tergiversations du mandarin, il ignore les lenteurs pénibles du lettré et déborde partout le docte empêtré dans ses références qui l'empêchent d'accéder à l'évidence. D'aucuns interposent trop entre le monde et leur subjectivité : trop de références, trop de lectures, trop de feuilletages culturels, trop de citations, trop de rubriques; d'autres, nourris de ces savoirs savent, après s'en être nourri, écarter de la main l'ombre portée par les bibliothèques et les archives. Dans les termes d'un Nicolas de Cuse, le voyageur artiste gagne à pratiquer la docte ignorance. Le poète en use puissamment.

À l'école de la poésie, on accuse une familiarité avec le hasard objectif cher à André Breton : se rendre disponible aux événements pour susciter et solliciter l'avènement, se mettre à disposition du monde pour qu'advienne un signe et que surgisse une épiphanie païenne, s'ouvrir au réel pour le pénétrer à la manière d'un fruit décidé à se donner, convaincu de la nécessité de s'offrir. Disposé, ce voyageur touché par la grâce met son corps à disposition de l'ineffable et de l'indicible qui, métamorphosés en impulsions, en émotions, deviennent ensuite du sens et finissent en mots, en images, en icônes, en dessins, en couleurs, en traits – en trace qui transfigure l'effervescence d'une expérience en incandescence expressive.

D'où la nécessité d'un œil vif, d'un regard acéré, d'une perception de prédateur. L'aigle nietzschéen fournit la métaphore. L'élargissement du corps est nécessaire à l'exercice du voyage. Car la chair doit se mettre à disposition du monde, enregistrer ses moindres variations, partir à la recherche du plus petit détail perceptible par une peau, un capteur olfactif, une parcelle du cerveau projetée par le nerf optique, une surface tactile, des papilles, un pavillon auditif et sa cochlée. L'âme matérielle doit partir au-devant du monde qui se manifeste de manière atomique, en vertu du mode de propagation immanent des simulacres. Le voyageur s'en repaît, il les cherche et les traque, les guette et les chasse : le réel sous toutes ses formes, voilà sa proie.

Inutile, quand on se place sous le patronage des poètes, des illuminés, des inspirés, voire des fous, des mystiques brûlés par leur attente, de porter un crédit considérable aux apôtres de la conversion domiciliaire, aux thuriféraires des temps longs, aux vendeurs de dialectes, aux prêtres de la vie transfigurée et vécue sur le mode de la théâtralisation de son existence sous le signe du changement d'identité : on n'économise pas son tempérament, on n'évite pas son caractère, ses racines. Et l'on célèbre prioritairement ce qui, en nous, tremble et s'électrise, bouge et se charge d'énergie, fait osciller l'aiguille du sismographe en lieu et place de ce qui demande au seul cerveau de travailler.

On ne se sépare pas de son être, qui nous habite et nous hante à la manière d'une ombre inséparable. Dans les voyages, cet être veut et voit, commande et décide. On ne se dépouille pas comme d'une peau, d'une mue, des oripeaux de sa culture et de sa civilisation. Tout juste peut-on la contourner, la prendre de court, en donnant toute sa puissance, en chacun de nous, au flair du renard, à l'odorat du chien, à l'œil de la chouette, au regard de l'aigle, au ventre lisse du serpent ondulant sur le sol, au contact de la terre. On gagne à renoncer, sur place, aux livres et aux documents, aux mots et aux pages consultées en amont – et à consulter en aval. Et l'on excelle en sollicitant la bête en soi, ce qui subsiste en nous du mammifère et se souvient des heures anciennes, préhistoriques, où le nomadisme obligeait à un corps performant, efficace, souple et acéré. L'animal découplé, le corps matériel, l'âme atomique, les organes sensuels, le simulacre physique, la grâce physiologique – voilà les instruments du poète et de l'artiste à activer dans le voyageur.

Pour inventer une innocence efficace, et toujours quant à la forme du voyage, il s'agit également de se défaire et déprendre d'une vision réactionnaire qui supposait le voyage possible avant et le proclame impossible maintenant. Avant quoi ? Avant le changement du monde, avant la mondialisation, la globalisation, l'uniformisation prétendue de la planète, avant la modernité. En fait, cette prise de position procède de la croyance en un âge idéal, en un temps d'avant le temps, dans lequel le voyage aurait permis d'accéder directement et de plain-pied à la vérité du pays visité. Elle décalque l'idée ancienne, visible au plus tôt chez Hésiode, d'un âge d'or, puis d'un âge de bronze, enfin d'un âge de fer, toutes distinctions utiles pour asseoir une pensée de la décadence, inviter à une restauration, en même temps qu'à une critique et une détestation du présent.

Le discours décadentiste réduit aux seuls découvreurs la possibilité de voyager. C'est d'ailleurs un topos commun à tous les récits de voyage ou presque de rêver d'un âge antérieur à la pénétration étrangère dans le pays visité, d'une époque de pureté, préservée de la contamination hétérogène du cosmopolitisme et des influences venues corrompre et salir. Une anthologie des déplorations se pourrait faire avec les seules considérations des écrivains voyageurs désespérés que Rome ne soit plus dans Rome. Qu'on songe au demi-siècle de récriminations d'un Théodore Monod à propos du désert défiguré par les hommes.

La modernité aurait eu raison du Divers – comme elle aurait obtenu la peau de Dieu, de l'Art, du Beau, du Vrai, du Bien, et autres billevesées toutes aussi factices. Ainsi, le voyage ne serait plus possible, le Divers ayant disparu au profit d'un triomphe du Même. De la technique efficace, des moteurs performants, de la vitesse générant un culte, des moyens de transport nouveaux, de l'électricité généralisée, du tourisme de masse, du capitalisme planétaire, des technologies de communication nouvelles, des médias générateurs de virtualités triomphantes, et plus rien ne subsisterait comme avant? La fin de l'histoire annoncée naguère par un hégélien de pacotille, accessoirement conseiller au département d'État américain, aurait précipité la géographie dans les mêmes abîmes? Resterait un spectacle désolant invitant à constater le nihilisme planétaire puis à sombrer dans le désespoir généralisé?

Non, car l'histoire n'est pas morte, elle vivra autant que les hommes et aussi longtemps qu'un seul individu se refusera à la domination universelle d'une nation à la monnaie puissante ou à l'État planétaire. Et si des signes d'éradication des différences, de suppression du Divers se repèrent évidemment, on aurait tort de confondre les mouvements fluctuants de l'histoire et la permanence de la géographie indexée sur la pérennité géologique. À l'évidence, toutes les grandes villes de la planète se ressemblent à s'y méprendre. Mais le réel de la planète ne se réduit pas à elles seules. Penser le monde sans les ruraux et sans les paysages, voilà vision et obsession d'urbains. Car le paysage dure, persiste, même mis en péril par les hommes. Et le Divers réside en lui, dans les campagnes, visible et repérable dans les épiphanies naturelles, loin des artifices de la culture.

Le temps passe, les civilisations bougent, elles naissent, croissent, meurent, connaissent un point d'acmé, entament une descente, chutent puis disparaissent, elles se trouvent remplacées par d'autres, plus vivaces, plus actives, plus fortes, mieux adaptées. Quel ridicule de vouloir figer un lieu temporellement visible dans une éternité inexistante ! La Chine de Confucius n'est pas celle du Père Huc, ni celle de Segalen, de Claudel ou de Simon Leys. Et alors ? Il s'agit d'un même lieu en des temps différents, comment échapper à cette lapalissade ? Comment vouloir l'apparition d'un lieu dans la seule dimension qui lui soit interdite – hors la temporalité ?

Seuls les fantasmes président au désir d'une histoire arrêtée et indépendante des conditions d'exercice du temps réel. Sous l'écume de la mondialisation libérale et de la globalisation économique persistent les courants, les lames de fond, les dynamiques des profondeurs éternellement induites par la géographie et ses énergies telluriques.

La modernité fabrique des mégapoles toutes semblables, bien sûr, mais elle ne réussit pas à supprimer les géographies. Qui se proposerait de voyager exclusivement dans les capitales planétaires pour tâcher d'approcher une civilisation ou saisir une culture ? Qui voudrait, pour découvrir l'essence d'un pays, collectionner Mexico et New York, Sydney et Buenos Aires, Shanghai et São Paulo, Calcutta et Le Caire, Manille et Bangkok ? Certes, à elles seules, ces dix villes contiennent presque deux cents millions d'habitants, mais tous semblent les clones d'une même cité fragmentée, puis disséminée de manière aléatoire sur la planète. La modernité a réduit l'histoire, mais elle épargne la géographie.

Les climats persistent, même violentés par les hommes, les saisons aussi, les rythmes planétaires et les alternances cosmologiques, le tout réglé tel un système d'horlogerie avec une finesse et une exactitude inégalées. La multiplicité des vents et l'infinité des astres, la tectonique des plaques et la dérive des continents, le mouvement des marées ou le jeu de solstices et d'équinoxes, le déplacement des montagnes et la fonte des glaciers, le creusement des lits fluviaux et le tracé des courants marins, tout ceci témoigne pour un temps long et lent, géologique et géomorphologique, celui de la méditation et de l'interaction avec des âmes au diapason. Voyager suppose, à la manière des oiseaux migrateurs dont l'horloge interne, le métabolisme et le magnétisme décident de leurs mouvements, la mise à l'écoute de ce qui, en soi, procède de l'éternité du système solaire et qui gît en nous, au plus profond de notre agencement atomique.

Enfin, les tenants d'une forme ancienne et dépassée du voyage en appellent à la lenteur, et maudissent la vitesse, cause de tous les maux. On célèbre le pas de l'âne, la marche à pied, le dos de chameau, le bateau à roue, la traversée des océans en paquebot de croisière, la descente des cours d'eau en péniche, les roulottes à cheval, les stations prolongées dans les auberges, dans les fermes d'hôte, chez l'habitant, les immobilisations volontaires ou involontaires, un genre de sédentarité réinstallée chez l'autre. On imagine qu'ainsi, en prenant le temps, en prenant son temps, on infuse mieux, on s'imprègne, on expérimente une empathie plus authentique, on réalise une meilleure rencontre. Bien évidemment les tenants de cette hypothèse parménidienne détestent l'avion, symbole du pire en la matière.

J'adore l'avion, qui attend son Marinetti ou son poète futuriste antifasciste. Car l'avion induit une métaphysique nouvelle, il contribue à la création d'une autre saisie du temps et de l'espace. Avant lui, ces formes *a priori* de la sensibilité kantiennes se déduisent philosophiquement, après lui, elles se constatent expérimentalement : le temps, c'est de l'espace, de la vitesse, du déplacement, c'est la translation dans un entre-deux tout autant qu'une perception corporelle et subjective, une sensation individuelle et personnelle. Pas de temps absolu, pas d'idée du temps en relation avec l'éternité, pas de nombre du mouvement, mais la pure conscience de soi saisie en durées variables.

La vitesse de l'avion modifie l'appréhension de l'espace et contribue à sa réduction. La planète devient visible, elle semble petite, on appréhende soudain sa totalité en un seul coup d'œil. Le tour du monde ne paraît plus une idée impossible mais un projet pensable. La rotondité fascine, comme symbole de perfection – songeons à la sphère parménidienne –, comme surface sans pli dont tous les points crépitent à égale distance du centre de la terre, feu furieux et noyau incandescent. Sur les écrans de cristaux liquides, pendant le voyage aérien, se succèdent des cartes qui réduisent l'espace réel à un dessin où le vert des terres et le bleu des mers sont tranchés par le trait rouge du déplacement. Lentement, par petits bonds successifs, pointillés et reptations saccadées, un petit avion iconique se déplace, traverse les océans, survole les montagnes, plane au dessus des plaines, franchit des frontières, ignore les hommes et transperce des nuages, trace dans l'azur, fend l'air gelé, coule dans l'éther bleu, pur et glacé, se glisse dans les ténèbres épaisses tout en surplombant les villes tentaculaires et lumineuses, les ports dessinés par la clarté des éclairages jaunes ou l'étonnante vibration nocturne des déserts invisibles. S'éprouver homme dans la carlingue de cet instrument transformé en énergie et en vitesse métamorphose l'âme plus sûrement qu'une lecture des Évangiles.

Corporellement on expérimente l'unité de la planète, sa petitesse, sa totalité et sa diversité. La mappemonde des écoles primaires, ou les cartes accrochées dans les salles de classe de notre enfance, signifient alors clairement. Je me dis toujours, en vol, qu'on devrait enseigner la géographie aux enfants dans des avions en les conduisant gratuitement d'un point à un autre, pour leur donner l'occasion de voir le clocher d'un village natal, de constater le découpage de leur ville, d'appréhender d'un seul coup d'œil son dessin tracé dans la campagne alentour, de suivre du regard le lit d'une rivière, d'un fleuve, d'un cours d'eau, de voir transformés en miroirs denses et lumineux les étangs, les lacs, les mares dans lesquels se reflète le soleil. Leçons de géographie pour apprendre à aimer son pays de manière viscérale – comme Michelet en dresse le merveilleux portrait dans ses pages superbes sur la France.

L'avion, on le sait depuis la fiction ailée de Lucien de Samosate dans l'*Icaroménippe*, donne des leçons de philosophie : tout ce qui paraît grand, gros et important au sol devient petit, mesquin, dérisoire et insignifiant en l'air. Comment s'y prennent certains pour croire essentielles leurs petites histoires, leurs petites affaires quand, vu du ciel, tout devient soudain étroit, indifférent ? Leçon de sagesse à l'antique. L'avion édifie sur le terrain métaphysique et pareillement sur le terrain philosophique : on se sent soudain fragment d'un grand tout, morceau dérisoire d'une mécanique importante qui nous contient et nous dépasse. Sagesse d'un genre panthéiste et païen : on s'appréhende de cette terre, de ces éléments, et d'aucune nation. L'histoire disparaît, trop soucieuse de péripéties locales, au profit de la géographie, familière des durées indéfinies et des lenteurs magnifiques.

Et puis l'avion donne aussi une leçon technophile : avec lui, en effet, les contraintes de la nature disparaissent sous les effets conjugués de l'artifice voulu par les hommes. Le bateau contrarie la surface plane des océans, le sous-marin celle des fonds, des abysses, l'avion se moque de la résistance de l'air, le train, la voiture ignorent les impératifs et les impondérables de la terre : tous les éléments trouvent dans l'artifice correspondant matière à dépassement, à négation. La puissance des hommes se manifeste dans le moteur qui affranchit et permet d'éviter l'arraisonnement. Dans l'habitacle de ces machines de guerre lancées contre l'empire de la nature, on expérimente la jouissance moderne au contact d'un nouveau sublime.

Enfin, l'avion dispense des contraintes climatologiques, saisonnières, géologiques, historiques, politiques. Il permet, dans les meilleurs délais, de fuir l'hiver rigoureux quand on désire la chaleur des tropiques, d'en finir avec les longues nuits postérieures à l'équinoxe d'automne si l'on aspire aux journées qui n'en finissent pas, d'échapper à une dictature, une tyrannie, un régime autocrate, de prendre ses distances avec les régions dangereuses où sévissent les coulées volcaniques, les tremblements de terre récurrents, les catastrophes dues à la sécheresse, à la pluie, ou aux autres délires climatiques. Chaque point du globe devient immédiatement accessible et met le vouloir à même de triompher des résistances.

Pour toutes ces raisons, j'aime l'avion – mais j'aime tout autant les autres moyens de transport qui transforment le corps en projectile lancé à plus ou moins grande vitesse à la surface de la terre, dans l'atmosphère ou sur les mers, sinon sous elles... Dans ce siècle récemment achevé, la vitesse signe et identifie notre modernité. Elle rend compte de la révolution informatique, de la globalisation, du cosmopolitisme, elle imprègne les visions du monde, les éthiques, les métaphysiques, les politiques, voire les religions ou les spiritualités reformulées aujourd'hui : l'instant devient l'unique modalité du réel. La perte de repères dans le passé et dans le futur contraint à la seule jouissance dans la durée instantanée. Qu'on le veuille ou non, c'est ainsi. Un éloge réactionnaire de la lenteur contraint à flatter la nostalgie, à entretenir la passion facile pour les souvenirs et à cultiver l'angoisse du futur.

Prenons plutôt acte de cette révolution pour la vouloir, l'aimer et en faire ce qu'elle permet de mieux. Ne pas fustiger l'avion qui transforme le voyage d'antan et ne le rend plus possible pareillement, mais célébrer cet instrument nouveau générateur d'une autre façon de voyager. D'autant que la marche à pied ou à dos d'âne restent disponibles pour les ennemis de la vitesse. De Stevenson à Lacarrière, il existe toujours de farouches défenseurs de la mesure du temps au pas animal ou humain, et tant mieux. La chance de la modernité, c'est qu'elle permet de choisir son propre rapport au temps, elle n'oblige pas – au contraire du passé, et pour cause, qui contraignait en regard de ses limites. Montaigne à cheval, Rimbaud à pied, Morand en bateau, Cendrars en train, Bouvier en voiture, Chatwin en avion, bien évidemment, mais personne n'empêche Kenneth White ou Guido Cerronetti de marcher, sinon à Théodore Monod d'opter pour des méharées...

Les ennemis de la vitesse avionique critiquent également le téléphone, fixe ou cellulaire, la télécopie, l'ordinateur portable, les messageries électroniques, coupables, eux aussi, d'avoir précipité la mort du Voyage. Or, tout autant que l'avion, ces technologies nouvelles n'empêchent pas de voyager, au contraire, elles permettent de se déplacer autrement, différemment, moins coupés des siens. Elles sont utiles pour fixer des vertiges, formuler des impressions, mettre des mots sur des émotions. Communiquer suppose la maîtrise de ces machines, et non l'inverse. Condamnables quand elles suscitent de nouveaux esclavages, une incapacité à jouir du présent à l'étranger, elles deviennent magiques pour partager, offrir aux nôtres des cartes postales sonores, des fragments de voyage, des bouts d'affection donnés par impulsions numériques de l'autre bout du monde, malgré l'absence et par-delà la séparation.

Pas plus que la lettre de Flaubert ou la carte postale d'Artaud n'empêchaient le voyage en Égypte ou au Mexique, l'appel téléphonique de Gaspésie pour partager la remontée des baleines dans l'embouchure du Saint-Laurent ou le courrier électronique pour raconter l'architecture de Brasilia à une âme aimée n'interdisent une réelle présence au Québec ou au Brésil. La vitesse d'échange des informations, celle des transports, des transferts et des translations n'ont pas mis à mal l'essence du voyage, mais sa forme ancienne. Pour autant, les techniques modernes rendent possibles des expériences contemporaines, elles transfigurent les événements du voyage, elles en rendent possibles de nouveaux. Les planches de gravures de Vivant Denon n'interdisent pas les photographies de Cartier-Bresson, les appels téléphoniques transatlantiques ne tuent pas non plus les pages d'écriture, les récits ou les poèmes. Demain d'ailleurs, sinon aujourd'hui, un André

Velter enverra par courrier électronique un poème écrit sur la place de Cluj, dans une Roumanie saturée par l'odeur séminale des tilleuls en fleur. Et après-demain, d'autres techniques deviendront les alliées des voyageurs qui, pourtant, resteront artistes et poètes.

Rencontrer sa subjectivité

Soi, voilà la grande affaire du voyage. Soi, et rien d'autre. Ou si peu. Des prétextes, des occasions, des justifications en quantité, certes, mais, en fait, on se met en route mû seulement par le désir de partir à sa propre rencontre dans le dessein, très hypothétique, de se retrouver, sinon de se trouver. Le tour de se la planète ne suffit pas toujours pour obtenir ce face-à-face. Une existence non plus, parfois. Combien de détours, et pour quels lieux, avant de se savoir en présence de ce qui soulève un peu le voile de l'être ? Les trajets de voyageurs coïncident toujours, en secret, avec des quêtes initiatiques qui mettent en jeu l'identité. Là encore le voyageur et le touriste se distinguent radicalement, s'opposent définitivement. L'un quête sans cesse et trouve parfois, l'autre ne cherche rien, et, par conséquent, n'obtient rien non plus.

Le voyage suppose une expérimentation sur soi qui relève des exercices coutumiers chez les philosophes antiques : que puis-je savoir sur moi ? Que puis-je apprendre et découvrir à mon propos si je change de lieux habituels, de repères et modifie mes références ? Que reste-t-il de mon identité dès la suppression des attaches sociales, communautaires, tribales, quand je me retrouve seul, ou presque, dans un environnement sinon hostile, du moins inquiétant, troublant, angoissant ? Que subsiste-t-il de mon être dès soustraction des appendices grégaires ? Quid du noyau dur de ma personnalité devant un réel sans rituels ou conjurations constituées ? Le grand détour par le monde permet de se retrouver, soi, tel qu'en nous-même l'éternité nous conserve.

Précisons-le, car toute la philosophie occidentale classique se fourvoie à ce propos, le moi n'est pas haïssable. Ni vénérable, mais tout simplement considérable, au sens étymologique, à savoir digne de considération. Pas de haine de soi, ni de célébration de soi, mais une juste estime qui permet de travailler sur son être comme sur un objet étranger, sur une pierre informe attendant le moment du ciseau et l'heure du sculpteur. Tout voyage est initiatique – pareillement, une initiation ne cesse d'être un voyage. Avant, pendant et après se découvrent des vérités essentielles qui structurent l'identité.

Je n'aime pas le voyage de ceux qui se punissent et usent de leur moi comme d'un animal à mater. Ils se déplacent pour expier leur existence et transportent leur malaise pour tâcher de s'en défaire. Sans succès, bien évidemment, car on ne se détache pas de ses parts maudites et de sa négativité à la manière de vieilles écailles devenues caduques sur la peau desquamée d'un saurien. Ceux-là errent et portent leur âme en peine à la manière d'une croix, d'un fardeau. Ils s'infligent des douleurs, des peines, des blessures, ils visent la plaie au flanc et le sang au front, puis le coup de lance au côté. Parmi ces fanatiques du cilice, les sportifs en mal de performance : traverser l'Atlantique à la rame, faire le tour du monde à bicyclette, marcher plusieurs centaines de kilomètres dans les vents furieux de l'Antarctique, ou dans un milieu hostile et dangereux, jouir des expéditions en conditions extrêmes et autres variations sur la haine de soi.

D'autres effectuaient le pèlerinage de Compostelle à genoux, mais l'esprit demeure : demander à son corps d'aller au-delà de ses limites, obtenir de lui de la sueur, du sang, des larmes, des plaies, des croûtes, et autres joyeusetés médicales : dysenteries, ulcères, bubons, ampoules, écorchures, égratignures, piqûres, purulences, infections. Pieds et mains gelés, visages brûlés, membres tétanisés, corps ankylosé, halluciné par le manque de sommeil ou la nourriture sommaire, les récits de voyageurs sportifs abondent en remarques et considérations de ce genre. Les amateurs de sensations plus que fortes, qui éprouvent le corps sur le principe de la punition, transfigurent le voyage en chemin de croix. Je n'aime pas les chemins de croix…

Le voyage procède moins de l'ascension du Golgotha que de l'invite socratique à se connaître. La douleur ne présente aucune utilité dans ce processus de découverte de soi. On ne sait rien d'essentiel sur son intimité en retournant la pulsion de mort contre soi et en tâchant de transfigurer ce mouvement en esthétique de la souffrance. La négativité suffit dans les doses injectées naturellement par le réel pour qu'on n'ait pas besoin d'ajouter à cette énergie noire et mauvaise. Le défi dans le voyage de performance, la plupart du temps, cache mal les intentions masochistes d'une âme en peine – ou plutôt d'un inconscient en souffrance. Le goût des morsures de mygales, des serpents venimeux, des plantes vésicantes, des déserts dangereux, des insectes toxiques, de la crasse, de la saleté, des éléments hostiles procède d'une logique exacerbée dans les commandos militaires ou les cellules monacales.

L'entreprise socratique ne nécessite pas l'usage de soi comme d'une chose, d'un objet ennemi. Au contraire. L'estime de soi, à ne pas confondre avec l'amour, la vénération ou la complaisance à son endroit, installe sous les meilleurs auspices, aux antipodes de l'idéal ascétique. Ni refus, ni célébration de soi, mais savant détour par le monde pour parvenir à une juste connaissance de son identité intime. Le voyage illustre « la casuistique de l'égoïsme » nietzschéenne, il donne un contenu tangible à la diététique des plaisirs et permet la confusion de l'éthique et de l'esthétique. En fait, il résume la possibilité d'une esthétisation de l'existence dans des circonstances incarnées. De la sorte, il entre dans la composition d'une ascèse métaphysique et conduit sur la voie qui mène à l'appropriation joyeuse et heureuse de sa vie.

Au centre du voyage, on ne repère rien d'autre que le moi. Montaigne fournit un exemple explicite de cet égotisme du nomade : à Lucques ou à Rome, à Lorette et à Venise, à Augsbourg ou à Constance, le philosophe reste au centre de lui-même, en insistance impossible à déraciner. Et l'épicentre de cette identité, c'est le corps, la chair du voyageur : ses calculs, ses reins, sa maladie de la pierre, ses fatigues, ses bains, ses boissons, ses nourritures, son sommeil. Autour, le monde s'organise, se donne en spectacle, se montre et se raconte, mais comme les planètes en gravitation autour d'un astre occupant le milieu, royal.

À l'évidence, on n'évite pas sa propre compagnie – pour d'aucuns, la pire. Ce que l'âme embarque au départ se retrouve à l'arrivée, décuplé : douleurs et blessures, ennuis et souffrances, peines et malheurs, tristesses et mélancolies s'amplifient dans le voyage. On ne guérit pas en faisant le tour du monde, au contraire, on exacerbe ses malaises, on creuse ses gouffres. Loin d'être une thérapie, le voyage définit une ontologie, un art de l'être, une poétique de soi. Partir pour se perdre augmente les risques, devenus considérables, de se retrouver face à soi, pire : face au plus redoutable en soi.

Le moi ne se dilue pas dans le monde, il le colore, lui donne ses formes. Le réel n'existe pas en soi, dans l'absolu, mais perçu. Ce qui, à l'évidence, suppose une conscience pour le percevoir. Ce filtre dans lequel passe le monde organise la représentation et génère une vision. Pour son essence, l'être du monde procède de l'être qui le regarde. Le voyage théâtralise cette opération métaphysique, il accélère cette alchimie de l'avènement. Or, derrière chaque fragment détaché du monde se trouve un corps qui lui confère l'existence en général et ses propriétés dans le détail. En vertu de la lointaine théorie humorale des anciens, la bile noire en excès dans un individu débordera et envahira le monde qu'il traversera. Partout où il sera, la dominante sera sombre et d'une obscurité profonde.

On ne voyage pas pour se guérir de soi, mais pour s'aguerrir, se fortifier, se sentir et se savoir plus finement. À l'étranger, jamais on n'est un étranger pour soi, mais toujours le plus intime, le plus pressant, le plus accolé à son ombre. Face à soi, plus que jamais contraint à se regarder, sinon à se voir, on plonge plus profondément vers son centre de gravité tant l'autre nous manque pour nous distraire de notre présence forcée. La destination d'un voyage ne cesse de coïncider avec le noyau infracassable de l'être et de l'identité. Derrière l'arsenal toponymique des cartes géographiques se cachent d'incroyables variations sur le thème de la subjectivité.

Hors son domicile, dans l'exercice périlleux du nomadisme, le premier voyageur rencontré, c'est soi. En permanence, à tous les coins de rue, dans chaque angle, aux carrefours et sur les places, dans la ville ou les déserts, à l'ombre ou à la lumière, sur toutes les pistes et dans tous les accidents du paysage, toujours et partout notre personnage quête l'ordre intime. Dans le décor terrestre errent des âmes en peine à la recherche d'un corps à habiter définitivement, dans la paix et la sérénité recouvrées. Autour du globe se jouent ces opérations de réification permanente. La pérégrination partage ses secrets avec la démiurgie. Car l'étrangeté du monde condamne à se satisfaire de la familiarité la plus immédiate, celle que tout un chacun entretient avec son tréfonds.

Notre moi se confond avec notre langue, nos souvenirs, notre histoire, notre mémoire, il quintessencie nos habitudes et se dissimule dans les plis du corps. Dans un pays inhabituel, la bête inquiète en nous prend le dessus, elle entend une voix incompréhensible, elle évolue dans un espace dépourvu de repères, elle expérimente la différence, la grande différence qui isole, coupe et sépare, puis met à part et exclut. Au sommet du monde, au creux des gouffres, au milieu des déserts ou de l'océan, le soi mène encore la danse, plus que jamais. Tragiquement l'être ne peut déborder l'identité qui le contient. À l'étranger, cette identité flotte, sans attaches, sans points de repère. Elle attend le rocher où elle troque son errance nomade contre un artifice qui permet les linéaments d'une sédentarité ébauchée.

Sur son trajet, on rencontre un autre que l'on ne reverra probablement pas, une altérité gratuite, une pure altérité. Le grand nombre des relations contractées ailleurs que dans son territoire habituel se diluent, s'évaporent dans la chaleur et le bruit du retour au monde commun. Toute intersubjectivité s'installe dès lors sur le terrain de la facticité, de la contingence, de ce qui aurait pu ne pas advenir. Ainsi peut-on se découvrir sans engagements sociaux, sans obligations politiques, au sens premier du terme, nu devant un être qui suscite l'exercice de la parole et du signe sans lendemain. Dans ce jeu avec un temps suspendu, des fragments d'inconscient habituellement tus remontent à la surface et produisent des effets : angoisse ou enthousiasme, effroi ou emballement, repli ou épanchement, plaisirs centripètes ou désirs centrifuges. Dans tous les cas, une dynamique travaille vivement l'âme et lui interdit le repos.

Voyager mène inexorablement vers sa subjectivité. Morcelée, fragmentée, éparpillée ou compacte, en bloc, on finit toujours par se trouver face à soi-même, comme devant un miroir qui nous invite à faire le bilan de notre trajet socratique : qu'ai-je appris de moi ? Que puis-je savoir de plus sûr qu'avant mon départ ? Les philosophes de l'Antiquité grecque savaient la fonction formatrice du déplacement. Tous ont sillonné le bassin méditerranéen, quitté l'Europe pour l'Afrique, voyagé vers le Proche-Orient, puis vers l'Extrême-Orient : la Libye, puis l'Égypte, la Mésopotamie puis la Chine, voire l'Inde. La Grèce, matrice de notre continent européen, puise dans cette eau de la Méditerranée sur laquelle ont été rapportés vers Athènes l'astronomie, les mathématiques, la philosophie, le commerce, la poésie, la géographie, la géométrie, l'architecture et le monothéisme.

Pythagore, Démocrite et Platon fabriquent l'Occident en acclimatant les chiffres et les nombres égyptiens, en déployant les cartes célestes chaldéennes, en démarquant les sagesses gymnosophistes indiennes ou éthiopiennes, en dissertant sur les cosmogonies mésopotamiennes, en visitant les Cyrénaïques près du désert libyque, en réactivant les enseignements reçus peut-être en Chine. La virtualité informatique contemporaine accuse plus de lenteur que les bateaux croisant sur la mer qui baigne Rome et Athènes, Alexandrie et Carthage, Beyrouth et Gênes. Les réseaux de l'époque fonctionnaient avec des débits considérables, les hommes circulaient en quantité en même temps que les biens, les richesses, mais aussi les idées. Voyager supposait alors emprunter ces couloirs, se mélanger aux énergies qui irriguaient le territoire méditerranéen à partir des pays proches et des cultures circumvoisines. Aller d'un point à un autre, hier comme aujourd'hui, relève moins de l'expérience historique ou géographique quantifiable par Braudel que de l'expérience ontologique et métaphysique mesurable par les philosophes, les poètes et les artistes. Au-delà de l'histoire quantitative apparaît, fragile et neuve, une géographie poétique.

ENTRE-DEUX II

Retrouver un lieu

Après le temps ascendant du désir, puis le temps excitant de l'événement, vient le temps descendant du retour. Pas de voyage sans retrouvailles avec Ithaque qui donne sens même au déplacement. Car un perpétuel exercice de nomadisme sortirait des limites du voyage pour faire entrer dans l'errance permanente, le vagabondage. Même les nomades pratiquent un genre de sédentarité car ils pratiquent des trajets habituels, s'installent dans la routine d'un déplacement, toujours le même, puis ils usent pareillement des repères, touffes séchées, amas de pierres, lignes et traces faites par les animaux, ils lisent toujours semblablement la carte des étoiles ou celle des mouvements du soleil, mais aussi, parce qu'ils se rendent dans des lieux où ils ont leurs habitudes, leurs pratiques tribales et rituelles dans l'art d'occuper les sols.

Pas plus la sédentarité continuelle ne me réjouirait, pas plus le nomadisme permanent ne m'emballerait : les racines, le local, la vie dans un lieu depuis longtemps identique ne se peuvent envisager sans un recours régulier à des déplacements partout autour de la planète. Je ne peux vivre, travailler, habiter la province bas-normande, et surtout éviter Paris, que par la possibilité régulière d'aller et venir de manière transatlantique, transméditerranéenne, africaine ou européenne. Entre la fixité des berniques et la folie furieuse des paramécies, on peut aspirer au déplacement animal, certes, mais entre le pas feutré du fauve désireux de vie dense, violente, et le long vol libre de l'oiseau assoiffé d'ivresse dans l'azur. Ni l'existence épinglée à la manière d'un papillon crispé par une épingle dans l'extase entomologique, ni la vie instable et branlante des quotidiens sans destination ne me conviennent, j'entends le voyage comme un moment dans un mouvement plus général – et pas comme un mouvement à lui seul.

D'autant que les retrouvailles avec le domicile donnent un sens, son sens, au nomadisme – et vice versa. L'alternance de départs et de retours permet une véritable définition de l'habiter cher à Heidegger. Comment hanter le lieu de la résidence élue, des habitudes, du rituel et des repères ? De quelle manière renouer dans l'artifice et selon les principes de la culture avec les forces comportementales distinguées par l'éthologie ? Quelles relations entretiennent la maison et le terrier, la surface d'un appartement et le territoire marqué par les déjections d'un animal ? Quelle proximité entre ce qui se passe derrière la porte, après le tour de clé du retour, et l'agencement troglodytique d'un mammifère terrestre ?

Car l'habitation ne se confond pas avec l'occupation pure et simple d'un lieu. Il ne suffit pas de disposer quelques vêtements, quelques effets, dans un espace pour en faire un domicile. Dans l'acte d'habiter se concentrent des pratiques d'archives quotidiennes, certes, mais s'articulent également des habitudes, des rituels sans lesquels l'angoisse ne se conjure pas, dure, puis travaille le corps et l'âme. Séjourner de manière passagère ne signifie pas demeurer, ni avoir installé sa demeure. L'étymologie rapporte d'ailleurs qu'entre installer sa demeure dans un endroit précis, demeurer quelque part de manière récurrente, être mis en demeure de, ou être qualifié de demeuré, il existe bien évidemment une relation intime : à chaque fois on a tardé. Tarder à envisager un départ, à repartir, à s'acquitter d'une dette ou à s'éveiller à l'intelligence.

Habiter signifie donc tarder autour du foyer, à la manière préhistorique, près du feu qui réchauffe, éloigne du danger des bêtes et protège des intempéries. Dans l'habitation se dit aussi le gîte des animaux cachés des prédateurs et à l'abri des risques encourus par la lutte consubstantielle au fait de vivre dans un même espace. Le gîte s'apparente à la tanière, au repère, au terrier, au refuge. Là encore l'étymologie renseigne, car elle affiche la parenté avec gésir, être étendu. Se reposer, dormir, refaire ses forces – sinon s'installer pour l'éternité dans la position du gisant, incorruptible, pétrifié dans le marbre de la mort, semblable à lui-même pour toujours.

Retrouver le lieu qu'on habite habituellement permet, à la manière, parfois, d'un Littré lexicographe doué pour les hypothèses, de rapprocher habitus, habitude, habitation, habiter. Le domicile signale le lieu où les risques sont les moindres et où se posent à terre les armes, les bagages, ce qui encombre en temps normal. Les lois de l'hospitalité le disent : sous un toit, on doit la protection. Après le voyage, le mouvement, l'effervescence, le retour à la maison (elle aussi figée dans l'étymologie d'un « rester ») autorise la récupération des forces et des énergies dépensées. Il entrave l'hystérie du mouvement qui, sinon, induirait une giration sans fin.

Ne jamais rentrer, toujours tourner, produirait une ivresse de derviche. Courir le monde en libertin suppose le penser ensuite en bénédictin. La maison vaut comme une cellule monacale autant qu'un terrier. Elle s'organise autour de la bibliothèque, des papiers, des notes, des archives, des cahiers, des calepins, des fiches, des projets d'écriture. Mais aussi autour de ce que Charles Fourier appelle une passion pivotale : une figure, une personne autour de laquelle s'organise le foyer et qui garde le feu actif pendant que s'assouvit sur la rotondité de la planète une pulsion chasseresse et nomade, dynamique et impérieuse. Rentrer chez soi permet de renouer l'état d'esprit des individus qui retrouvaient la caverne après avoir croisé dans une nature inquiétante des mammouths, des cerfs, des aurochs et des rennes dangereux pour eux.

Tous les grands voyageurs reviennent au havre, au port d'attache après les quarantièmes rugissants, les péripéties planétaires, les équipées sauvages et périlleuses. Quand les Vikings découvrent l'Amérique – bien avant Christophe Colomb – ils quittent les côtes scandinaves, traversent l'Atlantique, abordent l'Amérique du Nord, restent quelque temps, puis repartent en direction de leur terre natale. De même, les trajets multiples des voyageurs impénitents que sont Victor Segalen, Ella Maillard, Nicolas Bouvier, Bruce Chatwin, Jacques Lacarrière, Kenneth White ou Michel Le Bris n'excluent pas chez eux la sérénité d'une habitation, au contraire – Brest, Chandolin près de Genève, Cologny en Suisse, Sheffield en Grande-Bretagne, Sacy en Bourgogne, Trébeurden et Terenéz en Bretagne. Aucun d'entre eux, on ne s'en étonnera pas, n'a élu domicile fixe à Paris...

Le lieu quitté puis retrouvé donne l'axe sur lequel oscille l'aiguille de la boussole. Sans lui, pas de points cardinaux, pas de rose des vents, pas de possibilité de se déplacer et d'organiser son quadrillage sur les cartes du monde. Sur lui tremble l'acier qui indique le nord magnétique et vibre, fragile. Sans elle, aucune direction, aucun aller, aucun retour possibles. Une cartographie sans indications directionnelles ne présente aucun intérêt, elle n'a aucun sens. Pas plus quand il manque une échelle. Le domicile agit en boussole, dont l'étymologie rapporte la forme originelle, une petite boîte – comme la maison.

Seul Dieu, si l'on en croit Pascal, se permet le luxe d'exister telle une sphère dont le centre est partout et la circonférence nulle part. À part lui, privilège lié à sa condition, aucun être humain ne se meut sur la planète sans un point de repère, une borne fichée en terre, fixe et susceptible d'être retrouvée. La possibilité de perdre la boussole laisse entr'apercevoir à quoi correspond l'absence de gnomon dans une existence ou un voyage. L'errance désigne aussi bien l'asocial définitif que le malade mental, elle commence quand fait défaut le port d'attache, le point d'ancrage. Sans arraisonnement du corps, il faut craindre l'égarement définitif de l'âme. Serait-ce une leçon énoncée *post mortem* par Nietzsche ?

Le monde, donc, vaste et réduit à la fois, le moi de chacun en son centre, le voyage comme invite à dessiner, pour soi, une rose des vents, puis le domicile pour asseoir et cultiver cette identité – voici donc quelques repères dans un cosmos *a priori* sans joie. La géographie sert d'abord à élaborer une poétique de l'existence, à trouver des occasions de faire fonctionner son corps comme une belle machine sensuelle, capable de connaître en exerçant chacun des cinq sens, seuls ou combinés, à la manière de la statue de Condillac se faisant odeur et parfum en présence d'une rose. Une carte, une boussole, une échelle, autant d'instruments utiles à la connaissance de soi et au choix de ses mouvements. Une existence, au moment du trépas, se réduit à un ensemble de tracés sur une carte parcheminée.

Rentrer vers, c'est aussi revenir de. En l'occurrence, renouer avec l'entre-deux de l'aller, mais dans un autre état d'esprit. Le vide de sensations et le plein d'hypothèses du départ laissent place au plein des sensations et au vide des hypothèses : on a vu, senti, goûté, touché, on a expérimenté le contact d'un réel bruissant et brillant de tous ses feux. Les souvenirs laissent place aux attentes, les vérités d'abord informes effacent les conjectures qui hantaient l'esprit excité par la perspective du déplacement. Le premier entre-deux suppose l'inconnu, le deuxième, l'accompli. D'une ancienne disponibilité installée dans les parages de l'expectative il faut extraire la nouvelle satiété d'une découverte effective.

Dans l'entre-deux du retour triomphent le désordre, le chaos, l'ivresse, l'abondance. On expérimente la confusion et le mélange des sensations, puis l'incohérence des perceptions. La jouissance inflige ses soubresauts au beau milieu du capharnaüm d'informations engrangées par un corps ayant fonctionné à plein régime. Après la féerie de l'événement, la fête du réel, le retour trouble les eaux et appelle une réelle décantation. Les ciels encombrés, lourds, chargés, puis balayés par le souffle de l'esprit s'effacent au profit d'un éther lavé, limpide et clair. Dans la fatigue du retour se préparent les synthèses à venir.

L'état d'esprit correspond à un flottement. Tout, en bloc, pèse et rien ne se distingue encore. Quel meilleur souvenir ? Quelle leçon retient-on en priorité ? Qu'a-t-on appris sur soi, les autres, le monde ? Peut-on, dès à présent, conclure, résumer, condenser deux ou trois idées essentielles, trois ou quatre moments importants ? En quoi se trouve-t-on plus riche d'avoir parcouru les paysages d'un autre endroit que notre quotidien familier ?

Ou encore : quel pire souvenir ? Quelles mauvaises découvertes ? Quelles désespérantes trouvailles à des lieues de chez soi ? Quelles tristes certitudes ? Toutes ces interrogations attendent résolution. L'heure de l'entre-deux du retour convient plus à la nécessité d'épuiser la fatigue qui sature le corps, chauffé à blanc par la tension sensuelle du voyage, qu'à l'urgence de répondre aux questions affluentes. Avant le moment de la gravure dans la mémoire et de l'évaporation dans l'inconscient, l'instant requiert le retour à des rythmes plus lents, plus calmes.

Et puis rentrer, c'est décider de ne pas rester, donner à ce qui paraît acquis et définitif, en l'occurrence le domicile, une confirmation nouvelle, une validation supplémentaire. La pérégrination accomplie, la maison devient une évidence. Les racines prennent leur signification lorsque l'efflorescence a pu s'épanouir. Alors on constate l'équilibre de l'arbre. Les seules fixations souterraines ou l'unique bouquet feuillu, fleuri, ou rempli de fruits sont dépourvus de sens. L'enracinement justifie le nomadisme, et vice versa. Opter pour des retrouvailles avec cet ensemble d'apaisements que génère le chez-soi conduit à une harmonie entre soi et soi – notamment quand le voyage induit des tiraillements entre ces deux modifications de la même instance.

Pour peu qu'on subisse un décalage horaire, l'écho de l'ailleurs résonne encore un certain temps dans le vif de la chair. Endolorissements, courbatures, ankyloses, gonflements, engorgements, œdèmes, congestions, le corps conserve plus sûrement la mémoire de l'événement que le souvenir de surface ou la mémoire visible. L'organisme et ses rythmes rappellent un autre temps, pas si éloigné que ça, mais déjà très loin pourtant. Durées en collision, comptabilités et comptages confus, emmêlements des repères temporels et spatiaux – où suis-je? quelle heure est-il? –, tout converge vers une confusion de l'être, une commotion existentielle.

La fatigue traverse la chair, le sommeil vient mal, trop tôt ou trop tard, puis il réveille les songes et les nourrit. Le rêve, dont je pense qu'il fournit l'occasion de l'ordre et du sens ensuite libérés par la main sur le papier, s'empare des informations données pêle-mêle par le voyage. Couleurs, parfums, sons, mots, images, paysages, odeurs, émotions, tout entre en collision dans l'espace mental des nuits profondes. Les rythmes physiologiques se reconstituent dans l'obscurité des sommeils réparateurs. Pendant ce temps, la chair subit, les organismes modifient leurs respirations, leurs cadences respectives, la lourdeur musculaire et intellectuelle laisse place à plus de légèreté. La circulation sanguine, la pression cardiaque, les nuitées réorganisées, le retour du social, tout travaille à la perte du temps écoulé, à sa reformulation dans la perspective d'un temps retrouvé. Sous le toit qui abrite l'endormissement se tissent les fils d'une histoire en passe de se durcir, de se cristalliser. Bientôt, elle pourra se présenter sous forme d'un récit logique et d'une narration cohérente. Les clartés diurnes se nourrissent sans discontinuer des éblouissements nocturnes.

APRÈS

Cristalliser une version

Pour qu'il prenne sens, le voyage gagne à passer par un travail de resserrage, de compression. Du Divers primitif à l'Un définitif, une ascèse intellectuelle s'impose. Car si l'on n'y prend garde, la mémoire nous fabrique plutôt que l'inverse : or on peut préférer que le vouloir travaille à constituer la mémoire. Ce qui n'entre pas dans une forme nette et précise se dilue, s'en va, se répand. Le souvenir se formule par la sécrétion de déchets en abondance. La multitude d'informations qui assaillent le corps ne peut subsister comme telle. Le tri sévère écarte l'anecdote pour permettre à l'esprit de se concentrer sur l'essentiel – des émotions cruciales, des perceptions cardinales. Alors s'architecture un monde.

Nous vivons une époque de renoncement à la mémoire. Tout contribue à cet holocauste du souvenir. Les anciens, épargnés par la surabondance de machines auxquelles on confie le soin de se souvenir pour nous, avaient développé une quantité incroyable de procédés mnémotechniques, tous plus extraordinaires les uns que les autres. Prenant appui sur la structure de pièces dans une maison, ou sur leurs agencements facilement mémorisés dans l'espace, les rhéteurs et les orateurs invitaient à associer des points forts d'une démonstration à des coins, des angles, des lignes, des volumes afin de simplifier le complexe et de permettre de disposer en permanence de la totalité des informations emmagasinées. En se déplaçant avec les repères fournis par l'habitation mentale, ils retrouvaient, à chacun de leur pas virtuel, les grandes entrées de leur discours. De la sorte, ils mémorisaient une quantité incalculable de faits et gestes, de mots et d'idées.

Aujourd'hui, les supports papiers, électriques, magnétiques, puis informatiques détrônent la matière grise et les synapses entraînées. Nous errons dans l'univers aux côtés de machines surpuissantes, mais dotés d'un corps amoindri, appauvri, incapable des opérations élémentaires de mémoire. Le corps fonctionne de moins en moins comme un opérateur sensuel et se mécanise à la manière de la machine simplissime des origines de l'ingénierie. Nos identités se forment avec des matières pauvres, des souvenirs maigres et des mémoires vides. La révolution métaphysique en cours concerne cet homme absent à lui-même, incapable de jouir des facultés de son corps – puissance des sens et génie des souvenances.

La mémoire se travaille, s'exerce, se sollicite, elle se veut, sinon, elle périt, meurt, dessèche, recroquevillée sur elle-même, puis devient une coquille vide pour un être creux. L'imprimerie, la gravure, la photographie, le cinéma, le magnétophone, la calculatrice, l'ordinateur augmentent les mémoires artificielles, certes, mais en même temps elles réduisent les possibilités mnémoniques humaines. L'œil voit moins, le nez et la bouche ne perçoivent plus, le toucher s'amenuise, l'oreille régresse, abrutie par les bruits perpétuels et le parasitage de décibels superfétatoires. Désormais, le réel apparaît sous sa seule modalité présente, dans l'instant pur, sans racines ni prolongements.

Réactiver la fixation des vertiges, reprendre ses notes, ses carnets de croquis, ses photos, ses billets, ses carnets, ses papiers divers, consulter à nouveau les supports auxquels on a confié ses impressions sollicite la mémoire avec efficacité. On replonge dans le fouillis des impressions immédiates arrêtées dans le temps en pouvant dégager l'essentiel et faire remonter à la surface les morceaux de lumière avec lesquels se construit le souvenir. L'œuvre s'annonce puis s'énonce dans ce travail volontariste. Avec du passé se prépare du futur, ainsi le présent se trouve densifié, durci, plus cohérent, plus consistant. Ordonner les traces débouche, met en forme l'âme. De retour chez soi, sur son bureau, les reliefs s'amoncellent. Alors s'esquissent un trait net, une ligne franche, un dessin sûr.

La compulsion de documents peut se doubler de la narration faite au tiers. Raconter, c'est également organiser. Les griots africains, les amateurs d'arbres à palabres dans les villages sub-sahariens, les conteurs anciens, les diseurs koriaques, les chamans hyperboréens transmettent de l'ordre et du sens en s'adressant aux assemblées, en tenant en haleine les individus réunis autour d'eux. Les dieux et leurs histoires, les rites et leurs saveurs, les cosmogonies et leurs mystères, les mythes et leurs raisons traversent les âges, en des temps où la civilisation se réduit à l'oralité, par le seul transport de mots et de verbes. Retracer un périple réitère le périple : à dire une fois, on vit deux fois. Trois fois dire, c'est vivre quatre.

Dans la narration, grâce à elle et par elle, la mémoire emprunte des trajets qui se figent et prennent une forme en passe de devenir indélébile. La plupart du temps, quand un voyage se formule pour la première fois dans une manière, on la voit étrangement réapparaître comme un guide, un ordre, une organisation rituelle. Par enchantement l'enchaînement persiste, malgré le temps qui passe. Au grand dam des auditeurs témoins de l'histoire racontée à plusieurs reprises, les mêmes mots, les mêmes tournures, les mêmes respirations, voire les mêmes traits d'esprit arrivent aux mêmes endroits. La musique, le rythme et la cadence dans lesquels le divers a pris forme se fossilisent au point de contraindre au fil conducteur, aux blocs de sens, aux agencements anecdotiques. Le récit se confond à l'histoire, il en épouse la trame et l'épaisseur, la forme conduit le fond.

À la manière des mouvements dans une pièce musicale, la proposition d'histoire se ferme dans son épiphanie : tel un quatuor de Haydn – modéré, lent, assez rapide, fugué –, une symphonie de Brahms – allègre, mais pas trop, lent, mais modérément, allègre et joyeux, un peu moins vite, allègre énergique et passionné, plus vite –, ou une pièce de Dutilleux – incantatoire, linéaire, obsessionnel, torpide et flamboyant. La mémorisation s'accomplit sur le principe d'une mélodie, d'une reprise, d'un thème obstiné, d'une variation, d'une fugue, d'un contrepoint. Musiquer le réel le contraint à apparaître dans des modes plus aisément perpétués.

Deux, trois ou quatre fois racontés, les détails, les péripéties et les anecdotes s'enclenchent, se déduisent, s'appellent, assurent la cohérence de l'ensemble. Parler un événement – le voyage, mais pas seulement –, c'est classer et disposer en formule, ramasser et conjurer la dispersion, mathématiser le monde et rendre possible sa poétisation, notamment en produisant les arabesques et le baroque nécessaire dans les limites mêmes d'un mouvement – présentation des faits, ébauche d'une énigme, dramatisation, tension, résolution dans la retenue, ébauche des issues, conclusions proposées en chutes. La poétique appelle la rhétorique.

Réduire le divers à une proposition formelle permet de poser les bases d'un roman logique, l'installer dans une mécanique conceptuelle, spirituelle et métaphysique dans laquelle il évolue à la manière d'un animal approché, mais jamais circonscrit. Dans le jeu chamanique, oral, rhétorique, théâtral, verbal, le divers ouvert du réel se focalise dans un divers fermé, clos sur lui-même, celui du récit. Le souvenir naît de ces opérations de cristallisation et de fermeture, de durcissement de la matière jadis souple et malléable. Le verbe inflige à la cire un seing privé et produit le document, l'archive susceptibles de compulsions et consultations.

En fait, l'expérience procède du vieux rêve mallarméen : faire aboutir le réel à du texte, transfigurer la vie en expériences à même de déboucher dans un livre. La prose du monde, l'écriture de soi, la rhétorique mnémonique, la poétique de la géographie se mélangent pour produire un composé singulier, chimiquement pur : de la mémoire couchée dans le marbre, pliée dans le vers ou coulée dans le bronze. Seule l'expérience écrite permet de rendre compte de la totalité des sens. Les autres supports souffrent d'indigence à l'endroit de leurs concurrents : l'aquarelle, le dessin, la photo saisissent le réel dans l'une de ses modalités – la couleur, la ligne, le trait, le dessin, l'image – jamais dans l'intégralité.

Le poème, comme quintessence de texte, mais aussi la prose, peuvent, en revanche, rapporter et saisir une odeur de jasmin dans un jardin d'orient, une lumière au-dessus d'une ville se reflétant dans les eaux d'un fleuve, une température tiède dans une forêt tropicale saturée des parfums de terre, d'humus et de feuillages en décomposition, le bruit d'un ruisseau dissimulé dans la touffeur ou la moiteur d'un pareil lieu. Le verbe seul circonscrit les cinq sens, et plus. Le trajet conduit des choses aux mots, de la vie au texte, du voyage au verbe, de soi à soi. Dans l'opération qui conduit de l'univers infini à sa formule ponctuellement et momentanément achevée se synthétisent des fragments de mémoire transfigurés en souvenirs scintillants.

Dire le monde

Le monde résiste pourtant aux tentatives de le mettre en mots. Le biais poétique, certes, en autorise l'approche la plus subtile, mais la plus volatile également. Plus l'image ou les synesthésies abondent, mieux l'épicentre du réel apparaît, mais plus aussi il se montre fragile, délicat, évanescent. Le poème se lit, se relit, se médite et rejoint l'éther, appelant sans cesse une réactivation de la lecture. L'Équateur ou l'Asie de Michaux invitent à la méditation, à l'appréhension lente, au temps ludique, de même le Mexique d'Antonin Artaud. Poètes, certes, mais géographes, sûrement pas. Car les deux disciplines s'ignorent depuis toujours. Hérodote et Strabon d'un côté, Pindare et Théognis de l'autre, pas de point de passage entre les deux univers.

Les philosophes, globalement, négligent la géographie. L'histoire leur permet de penser la politique, mais l'écriture de la terre – selon le grec – ne récupère aucun suffrage et semble apparemment inutile dans l'immédiat. Les deux mondes, pourtant, peuvent communiquer, puis enfanter une poétique d'un genre présocratique ou bachelardien : il suffit, pour ce faire, d'en appeler à une rhétorique des éléments, à une métaphysique de la terre et du feu, à une ontologie de l'air et de l'éther, à une logique des matières et des flux, en un mot, à une esthétique. L'étymologie signale la parenté du mot et de la faculté de sentir ou de percevoir le sensible. Une poétique de la géographie génère une esthétique matérialiste et dynamique, une philosophie des forces et des flux, des formes et des mouvements.

Bien sûr on songe à Deleuze et à son traité de nomadologie, à ses plateaux multiples, ses machines abstraites et sa déterritorialisation, ses strates et plans de consistance, ses lignes à segments et ses flux à quanta, ses points, ses devenirs et ses blocs, ses paysages mélodiques et ses développements sur le natal, le lisse ou le strié. Dans *Mille Plateaux* on trouve de multiples considérations utiles aux géographes pour élaborer un discours moderne et conceptuellement solide. Il me semble trouver des réminiscences du travail deleuzien dans la géographie chorématique apparue dans les années 1980. Elle permet, lors du voyage, de mieux voir les paysages, de mieux saisir l'événement dans les plis de la terre, sur la croûte terrestre, à la surface des géologies.

J'aime, en regardant par les hublots des avions, voir la géographie incarnée, comprendre des mouvements qui, soudain, deviennent intelligibles grâce aux chorèmes de Roger Brunet. Des villes, des grappes de villages, des routes dans les montagnes, des géologies fantasques, la répartition de la lumière du jour dans les vallées, des ombres sur les adrets, des lumières sur les ubacs, des lignes de chemin de fer, des découpages de champs, j'aime les espaces jaunes du colza, verts du blé en herbe, violets ou mauves de la lavande, j'aime voir les rivages découpés, les côtes du littoral, les courants et les jeux de couleurs dans la mer, les réseaux hydrographiques, lacs, rivières, étangs, marécages transformés en miroirs violents par le soleil, j'aime voir passer les voitures, petites traces lentes sur les routes, filer les trains, longs serpents ondulants, glisser les péniches, lourdes et lentes, ou marcher les humains, futiles et essentiels.

Toute cette diversité vue du ciel se résout à un art savant de combinatoires révélant un véritable déchiffrement du monde, une authentique lecture du réel géographique. Qu'est-ce donc que la géographie chorématique ? un alphabet de signes, les chorèmes, à même de rendre compte de toutes les organisations spatiales lisibles dans les paysages. Le regardeur indolent penché sur la terre, *via* son hublot, peut, à l'aide de ces catégories de la raison pure géographique, lire, déchiffrer, comprendre, opérer intelligemment avec sa vision. Du réel sensible aux catégories intelligibles, le voyageur effectue lui-même la réduction, il active la procession pour le dire en termes plotiniens.

D'où une véritable jouissance de l'intelligence du voyageur et du regardeur si l'on sait se souvenir que le mot procède de l'art de mettre en perspective des instances qui, *a priori*, semblent n'entretenir aucune relation. Une forêt et une aire, un chemin et une ligne, un village et un point, un paysage et un réseau – car point, ligne, aire et réseau fournissent les quatre entrées à mettre en perspective avec sept colonnes qui signifient les structures élémentaires de l'espace : maillage, quadrillage, gravitation, contact, tropisme, dynamique territoriale et hiérarchie. À l'aide des quatre repères en abscisse et des sept en ordonnée on obtient vingt-huit figures cardinales dont l'agencement permet de déchiffrer la terre.

Dans le bruit de l'avion qui évolue à mille mètres d'altitude, on peut alors s'amuser à chercher, puis à trouver, des aires en contact, des semis urbains, des réseaux maillés, on peut voir des dissymétries à l'œuvre, repérer des graphes, constater des liaisons préférentielles, pointer des ruptures, distinguer des interfaces, suivre des lignes de partage, surprendre des têtes de réseaux, des axes de propagation ou des aires d'extension, des points attirés et des surfaces de tendance. La diversité du réel concret se simplifie grâce à la grille de lecture utile au décodage de ce qui ouvrage le paysage et travaille la nature.

Au sol, revenu sur terre, on habite ces figures devenues autres depuis la surprise de leur cohérence à partir du ciel. On se meut différemment dans un endroit précédemment vu d'avion, englobé – selon le beau mot qui réduit bien cette opération intellectuelle à la mise en forme du sens dans un globe, une sphère parfaite comme une monade leibnizienne. Traverser des champs de force, passer la ligne invisible d'une interface continentale, pénétrer un arc, voire se trouver en présence d'une banane bleue, de géons ou de taxons, voilà matière à penser, méditer, rêver. Cette table de Mendeleïev de la géographie se décline en grammaire et syntaxe productrices d'un style de lecture, d'une poétique généralisée du voyage.

Bien évidemment, les professionnels résistent à cette nouvelle méthode, trop poétique et trop philosophique, trop imprécise et trop conceptuelle, trop Strabon et Pindare à la fois. Si d'aventure on peut soulever quelque objection, mieux vaut la destiner à parfaire la grille plutôt qu'invalider le modèle tout entier. Les chorèmes, dit-on, servent à nommer le travail que la géographie classique produit en amont. Et alors ? Nommer, c'est créer, faire advenir, c'est synthétiser, donner un ordre, rendre possible une rigidité intellectuelle que la géographie demande trop souvent aux mathématiques – auxquelles on peut tout faire dire –, c'est philosopher en démiurge.

Je ne peux m'empêcher, depuis que j'ai rencontré la géographie chrorématique, de voir autrement, de constater le fonctionnement de mon œil devant les paysages, plus curieux, plus avisé et plus excité. Donc de voyager différemment. Les blocs continentaux, les flux maritimes et aériens, les situations spatiales de ports et d'aéroports, les routes et autoroutes, certes, mais aussi les chemins de campagne et les sentiers forestiers de mes premières années en Normandie, les fleuves immenses de mes voyages transatlantiques, mais de même la rivière de mon village natal, les forêts du continent sud-américain, mais pareillement les bois, les sapées de mon enfance, les végétations extravagantes de Russie, les déserts africains, les petites îles qui constellent le pourtour danois, mais également le bocage du Pays d'Auge, la plaine d'Argentan, la naissance du massif armoricain, mes paysages fondateurs.

Partout autour de la planète se lisent et se voient, quand on apprend à les lire et à les voir, des points de localisation, des lignes de liaison, des flux générateurs de déséquilibres, des passages ouverts et fermés, des croissances et des décroissances, des attractions et des répulsions, des auréoles et des bandes, des têtes de réseaux et des aires de drainage. Ces formes pures se dissimulent dans des incarnations complexes, dans des figures sensibles et concrètes. La géographie chorématique, plus qu'une autre, aide à repérer ces contours sinon condamnés à demeurer cachés, travestis, compliqués. Elle fournit les moyens intellectuels d'une saisie globale et particulière, universelle et singulière. Lorsque dansent sous les yeux du voyageur ces catégories synthétiques, le travail poétique devient possible. Il est celui de la rêverie et de la méditation, du sentiment et de la sensation. Une poétique de la géographie suppose cet art de se laisser imbiber par le paysage, puis une volonté de le comprendre, d'en voir les agencements, avant le départ vers les contrées ludiques où le poète suit le géographe et le philosophe, en complément, non en ennemi. Alors on s'approche de l'esthétique du Divers envisagée naguère par Segalen soucieux de traces poétiques immémoriales.

CODA

Envisager une suite

Se savoir nomade une fois suffit pour se persuader qu'on repartira, que le dernier voyage ne sera pas l'ultime. Sauf si la mort profite d'un trajet pour nous cueillir... La passion du voyage ne quitte pas le corps de qui a expérimenté les poisons violents du dépaysement, du corps élargi, de la solitude existentielle, de la métaphysique de l'altérité, de l'esthétique incarnée. Du moins j'imagine. Sauf, peut-être, quand la chair ne répond plus, que la flamme vacille, se raréfie aux abords d'une fin de vie annoncée. La vitalité des grands voyageurs me fascine. Le mal foudroyant, la fin brutale peuvent empêcher la baisse régulière d'énergie et l'entropie généralisée. La fin mystérieuse de Segalen exsangue au pied d'un arbre, dans les bois d'Huelgoat, un Shakespeare à la main, me semble emblématique : ne pas mourir sous un toit, mais dehors, sous le ciel ou les étoiles, vivant.

La quête de soi s'achève au moment du dernier souffle. Jusqu'au bord du tombeau, il s'agit de vouloir encore et toujours la force, la vie, le mouvement. Le monde regorge de volcans à gravir, de rivages à méditer, de fleuves à descendre, de routes à emprunter, de trains et d'avions à prendre, il offre sans discontinuer des aubes, des aurores et des crépuscules, des pluies et des soleils incandescents, des déserts et des montages, des forêts et des campagnes, il propose des aurores boréales et des parhélies, des arcs-en-ciel et des tornades, des nuages, ces merveilleux nuages, des climats et des magies, il invite à franchir des tropiques, chevaucher l'équateur, aller au-delà du Cercle polaire, se baigner dans l'océan Indien, visiter les pyramides, la muraille de Chine ou les temples incas. La multiplicité des paysages fait pièce à l'unicité des villes, le divers disparaît des mégapoles mais ne quittera jamais les rizières asiatiques, la baie d'Along, la toundra sibérienne, la forêt amazonienne, le désert saharien, les paysages européens, les rivages méditerranéens.

D'aucuns reviennent de manière compulsive à des endroits déjà visités, retrouvant des habitudes de sédentaires au cœur même de l'expérience nomade : aller cinquante fois au Vietnam, cent fois au Japon, retourner toujours sur les mêmes lieux, quelle étrange idée ! Ces compulsifs me font songer aux prêtres lecteurs leur vie durant du même missel, ignorant la richesse et la variété des bibliothèques. La géographie de la planète vaut d'abord pour la diversité, la différence, la multiplicité. Elle réjouit la passion pour le nouveau, le neuf et l'extravagante nouveauté. Revoir ici empêche de voir ailleurs, stationner de manière répétée, même aux antipodes, disjoncte les possibilités nomades et les effets violents du voyage sur le corps et l'âme. On risque d'installer la sédentarité au cœur même du principe nomade.

Voyager pour pénétrer le mystère et les secrets d'une civilisation conduit à rencontrer des malentendus. L'illusion rationaliste et intellectualiste préside à cette idée, fausse, qu'on peut travailler en profondeur. L'esprit du géographe ne se confond pas avec celui du géologue, mineur de fond et creuseur de faille. L'un parcourt la planète et se réjouit du mouvement sur le pourtour de la mappemonde, l'autre s'installe et creuse son trou, il fore un terrier pour y ensevelir son énergie et sa curiosité. La saisie du Divers contredit le pari sur le Même, en revanche elle s'initie dans la volonté de multiplier l'Autre. L'Exote de Segalen veut le Divers, il le sollicite jusqu'à épuisement, il correspond au personnage conceptuel – la figure philosophique nécessaire selon Deleuze – chargé d'exprimer la pulsion nomade et le goût de la nouveauté.

Envisager une suite suppose donc moins la répétition que l'innovation. Les occasions de partir peuvent être aléatoires : ouvrir un atlas, fermer les yeux, pointer un pays, se décider pour une région inattendue, faire confiance, quand on a cette chance, aux invitations offertes à sillonner la planète, consentir aux rêves d'enfant, accéder au désir de l'ailleurs d'une personne chère, partir sur les traces d'un poète, d'un philosophe ou d'un artiste aimés, à la recherche d'une géographie sentimentale incarnée, en quête d'une poétique de la géographie, dans l'esprit de Bachelard qui parle d'une poétique de l'espace et d'un droit de rêver. La prose du monde se peut déchiffrer, selon la leçon du philosophe bourguignon, à la manière de l'eau, de la terre, du feu, des nuages, des songes, des rêveries, d'un grenier, d'une maison, d'un coquillage, de la flamme d'une chandelle ou d'un feu. Ou d'un poème. Car le poème du monde appelle sans cesse des propositions de déchiffrements.

Table

INTRADA	7
Vouloir le voyage	9
AVANT	17
Élire une destination	19
Augmenter son désir	25
ENTRE-DEUX I	35
Habiter l'entre-deux	37
PENDANT	43
Réaliser l'amitié	45
Piéger la mémoire	51
Inventer une innocence	57
Rencontrer sa subjectivité	81
ENTRE-DEUX II	91
Retrouver un lieu	93
APRÈS	103
Cristalliser une version	105
Dire le monde	113
CODA	121
Envisager une suite	123

Le Livre de Poche s'engage pour
l'environnement en réduisant
l'empreinte carbone de ses livres.
Celle de cet exemplaire est de :
250 g éq. CO$_2$
Rendez-vous sur
www.livredepoche-durable.fr

Composition réalisée par JOUVE

Achevé d'imprimer en octobre 2016, en Espagne par
Black Print CPI Iberica, S.L.
Sant Andreu de la Barca (08740)
Dépôt légal 1re publication : octobre 2007
Édition 11 – novembre 2016
LIBRAIRIE GÉNÉRALE FRANÇAISE – 21, rue du Montparnasse – 75298 Paris Cedex 06

30/8441/5